伊藤 大輔

日本プロジェクトソリューションズ株式会社 代表取締役社長

KADOKAWA

はじめに

企業は今、「プロジェクトマネジメントができる『人財』」を求めています。DX、新規事業開発、既存の業務プロセス改革など、現代の急激な市場環境の変化にスピーディに対応していかなければならないからです。

プロジェクトとは、未来に目標を設定し、その目標を達成させる活動ですが、未来への活動には不確実性が伴い、画一的な成功のマニュアルは存在しません。ではどうすればよいのか。その答えが「プロジェクトマネジメント」にあります。

プロジェクトマネジメントは、不確実性のある未来の目標達成に対して、あらゆる制約や条件の中で合理的かつ論理的に計画を立て、実行していくマネジメントアプローチ（手法）です。そして、未来に新しいものを創るためのアプローチを実践するリーダーが「プロジェクト・マネジャー」であり、そうした貴重な「人財」だからこそ今、企業が求めているのです。

プロジェクトマネジメントの知識体系は年々高度化していますが、本書では、これからプロジェクトマネジメントを実践する方をおもな対象として、最低限知っておくべき重要な知識、技術、思考を、豊富な図解でわかりやすく紹介しています。でも、最低限といっても安心してください。おそらく皆さんが本書の内容を実践したら、「お腹いっぱい」になるほどの内容です。

プロジェクトマネジメントには大きく分けて「ウォーターフォール型（予測型）」と「アジャイル型（適応型）」の2つのアプローチがあります。本書では日本で一般的であり、より長い歴史のある前者について紹介していきます。

また、プロジェクトの推進に必要な「人間力」についても触れています。知識と技術という「道具」と、道具を活用する「人間力」の双方が、プロジェクトの成功に大切なのです。

本書を通じて皆さんのプロジェクトが成功すること、皆さん自身がますます活躍されることを祈念しています。

2021年7月　伊藤 大輔

第1章

プロジェクトの基本をおさえよう

第2章 未来の目標を明確にしよう

第3章

プロジェクトを計画しよう

第4章 プロジェクト計画を実行しよう

第5章 「戦略的思考」を身につけよう

第6章 リーダーシップを発揮しよう

※本書で掲載している各種ツール等を実際の業務等で使用する際には、名前等を明確に記載することが大切です。そのため、本書の具体例等においても人名等を記載していますが、すべて架空のもので、実在する人物等とは関係がありません。

本文DTP・図版デザイン　斎藤 充（クロロス）

第1章

プロジェクトの基本をおさえよう

01～09

プロジェクトとは／プロジェクトの「制約」／
プロジェクトとルーティンワーク／
プロジェクトマネジメントとは「やりくり」／
有名な２つの手法／「ステークホルダー」／
「見える化」／言語化・可視化のための２つの法則
etc.

01 プロジェクトとは「独自の目標」と「期限」を含む「活動」

プロジェクトの定義はさまざまにありますが、一般的には「独自の目標」と「期限」という2つの要素が設定されている一連の「活動」が「プロジェクト」とされています。

独自の目標とは、「過去に経験したことのない要素が含まれている未来の目標」です。そして、その目標を達成する期限を「未来に設定」します。

たとえば、お客様から注文を受けた経理システムを○月×日までに開発して納品する、今までに発生したことのない在庫管理問題を□月△日までに解決する、などです。社内外問わず、このように独自の目標と期限を含み、その目標を期限までに達成する一連の活動がプロジェクトなのです。

実は、この2つの要素を含む活動は、私たちのプライベートでも多く存在します。試験や旅行、誕生日パーティーなどもプロジェクトの定義にあてはまります。プロジェクトは私たちにとって、とても身近な活動なのです。

■「プロジェクト」は仕事だけに限らない

独自の目標
過去に経験したことのない
要素が含まれている
未来の目標

期限
目標を達成すべき
未来の日付

プロジェクト

- 新しい経理システムの開発
- 今までに発生したことのない在庫管理問題を解決

…etc.

**仕事だけでなく
プライベートでもプロジェクトは存在**

- 試験
- 旅行
- 誕生日パーティー …etc.

開始 **終了**

独自の目標

プロジェクトには必ず「始まり」と「終わり」がある

02

プロジェクトには「制約」が付き物

独自の目標と期限が含まれるプロジェクトには、さまざまな特徴があります。1つは、「さまざまな制約がある」ということです。身近なことでは、QCD（品質・コスト・納期）の制約があります。独自の要求事項を満たす製品やサービスをコスト内、期限内に納品する必要がある、あるいは、経営戦略上、特定の技術や人を使う必要がある、などです。

「不確実性がある」のも特徴です。プロジェクトの目標は、過去に経験したことのない要素が含まれ、かつ未来に設定されています。未来のことは誰にもわかりませんので、目標達成への不確実性（リスク）があるのです。

また、「プロジェクトごとにメンバーが変わる」のもプロジェクトの特徴で、新たなメンバーと同じ目標達成を目指していく必要があります。

プロジェクトではこれらの特徴に対応し、決められたマニュアルがない中、活動を「やりくり」して目標達成を目指していく必要があるのです。

■プロジェクトの３つの特徴とは……

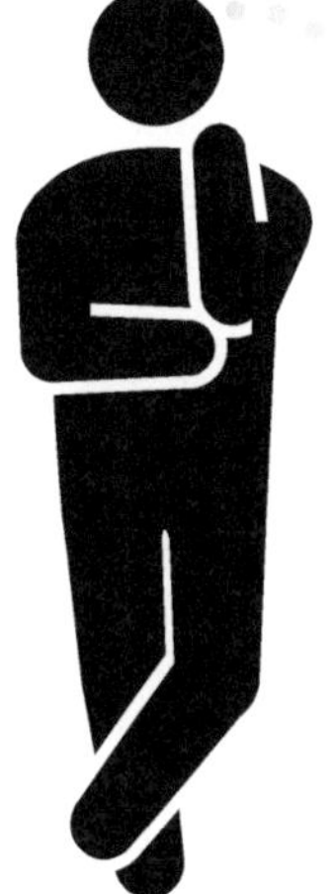

①制約
コスト　スケジュール
品質　人材要件　仕様

②不確実性＝リスク
事件・事故　市場の変化
経営状態の悪化

③独自のメンバー
リーダーシップ　育成
モチベーション
コミュニケーション

PMの極意

**プロジェクトには
「さまざまな制約」と「不確実性」があり、
「プロジェクトごとにメンバーが変わる」中で
「やりくり」して目標達成を目指す。**

03

プロジェクトとルーティンワーク

ビジネスでは、プロジェクトのほかにもう1つ重要な活動があります。それは「ルーティンワーク（継続・定常業務）」です。

ルーティンワークの特徴は、マニュアルや「SOP（標準業務手順書）」などに準拠して、適切・的確に、かつ継続的・安定的に活動する点です。

たとえば、決められた手順にそって安定的にパソコンを製造するオペレーションや、毎月の経理業務、定められた内容の業務システムの保守・メンテナンスなどがこれにあたります。

ビジネスでは、プロジェクトで新しく生み出したものを、ルーティンワークに引継ぎ、安定的に運用してもらうといった関係性があり、プロジェクトとルーティンワークの両輪がしっかりと回ることで、ビジネスは成長していきます。

このように、プロジェクトとルーティンワークの特徴は異なります。そのため、双方のマネジメント手法も異なってくるのです。

■ビジネスで重要な２つの活動

①プロジェクト	②ルーティンワーク
新しいモノやコトを 生み出す ⬇ 製品・サービス開発、 新規事業開発など	生み出されたモノやコトを 安定的に運用する ⬇ 定められたプロセスによる 販売、製造、保守運用など

開始　　　　終了

独自の目標

適切・的確・安定的に繰り返す

PMの極意

「プロジェクト」で生み出したものを「ルーティンワーク」につなぐ。この両輪がしっかりと回ることでビジネスが成長する！

04

プロジェクトマネジメントとは「やりくり」

一度、「Management」という英語を辞書で引いてみましょう。「経営」「管理」「操縦」「運営」……さまざまな日本語が出てきますが、この機会にManagementとは「やりくり」だと覚えてしまいましょう。経営であれば会社の「やりくり」ですし、システム管理であればシステムの「やりくり」です。

そしてプロジェクトマネジメントとは、独自の目標と期限という2つの要素を含んだ活動＝プロジェクトを「やりくり」することです。

14ページで紹介したように、プロジェクトにはさまざまな制約や不確実性があります。メンバーも案件により異なり、マニュアルがないなどの特徴もあります。これらを「やりくり」していくことが、プロジェクトマネジメントなのです。

この「やりくり」には、さまざまな手法があります。一緒にそれらを学んでいきましょう。

■プロジェクトの特徴をふまえた「やりくり」をする

独自の目標
過去に経験したことのない
要素が含まれている
未来の目標

期限
目標を達成すべき
未来の日付

プロジェクト

- さまざまな制約がある。
- 不確実性（リスク）がある。
- プロジェクトごとにメンバーが異なる。
- マニュアルがない。

「やりくり」する

プロジェクトマネジメント

05 プロジェクトマネジメントの有名な2つの手法

プロジェクトマネジメントの手法はいくつか存在し、その中で有名なものとして「ウォーターフォール型」と「アジャイル型」の2つがあります。

ウォーターフォール型は、滝の流れのようにプロセスやタスクを順番に完了させていき、成果物を生み出す手法です。比較的長期のプロジェクトや、明確なものを確実に生み出していく場合に使われます。おそらく皆さんの多くは、プロジェクトマネジメントといえば、こちらを思い浮かべると思います。

アジャイル型は、優先すべき機能や成果物、または成果物の要素を選択しながら2~4週間の短い期間で完成させていき、その積み重ねで成果物を生み出す手法です。市場変化が速いシステムやアプリ開発などでよく使われます。

日本ではまだまだウォーターフォール型が一般的な手法として使われていますので、これからプロジェクトマネジメントを学ぶ方は、まずは伝統的なウォーターフォール型から修得することをおすすめします。

■「ウォーターフォール型」と「アジャイル型」とは……

①ウォーターフォール型

企画・要件定義などの各プロセスを順番に完了させて
成果物を生み出す。

企画
要件定義
設計
実装
テスト
リリース・完成！

②アジャイル型

短い期間で要件定義からテストまでの各プロセスを完了させながら
優先的な機能や要素を完成させていき、その積み重ねで成果物を生み出す。

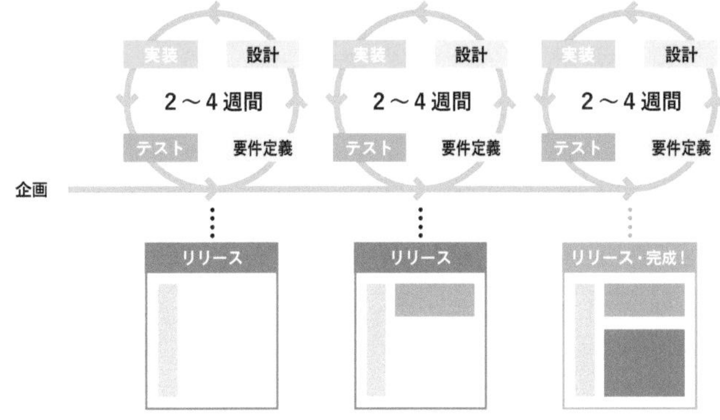

06 プロジェクト・マネジャーが「やりくり」するもの

プロジェクト・マネジャーは、「独自の目標」を「期限」までに完成させるために「やりくり」する人です。小さなプロジェクトの場合、プロジェクト・マネジャーをしながら自らメンバーのタスクをこなすこともあるかもしれませんが、プロジェクト・マネジャーは「やりくり」がメインの仕事です。

では何をやりくりすればよいのでしょうか。

たとえば、スケジュールどおりに進むようにタスクをやりくりしたり、決められたコストで成果物を生み出すためにコストをやりくりしたりします。チームメンバー同士の会議や報告などのコミュニケーション分野でのやりくりや、意見が異なる人の間に入って明確な目標を決めるなどのやりくりも必要です。

これらの「やりくり」をまとめたものが「プロジェクトマネジメント手法」です。プロジェクト・マネジャーは、この手法を活用し、適切にプロジェクトをやりくりしていく必要があります。

■プロジェクト・マネジャーの役割

	スケジュール (タイム)	プロジェクトは期限が決まっているため、各タスクのスケジュール管理が重要。
	リスク	プロジェクトは未来の目標達成を目指すため、不確実性が常にある。事前と発生時のリスク対応が大切。
	チームメンバー (人的資源)	活動タスクを実行するチームの育成と、生産性を高めることも重要な仕事。
	調達	プロジェクトに必要なものを計画的に調達しなければプロジェクトは動かない。調達の管理やコントロールが必要。
	ステークホルダー (利害関係者)	プロジェクトに直接的または間接的に関与する人たちを満足させ、プロジェクトの応援団になってもらうことが大切。
	品質	プロジェクトの成果物など、要求される品質を満たさなければ、プロジェクトは「成功」といえない。
	スコープ (作業範囲)	プロジェクト開始時に決めた作業範囲が、プロジェクト実行中にどんどん広がり高負荷になってしまうこともあるため、作業範囲の管理・コントロールが大切。
	コミュニケーション	多様な人たちが関与するプロジェクトでは、適切なコミュニケーションがプロジェクト活動の生産性や正確性を高める。
	コスト	プロジェクトでは予算内での活動が求められるため、予算管理も重要。

07 「ステークホルダー」を知り良好な関係を維持

プロジェクトに関わる人のことを「ステークホルダー（利害関係者）」といいます。「プロジェクトの成功または失敗により、直接的または間接的に影響を受ける人」です。

身近なところでは、プロジェクトチームの「メンバー」や、プロジェクト・マネジャーの上司であり決裁者にあたる「プロジェクト・オーナー」がこれにあたります。お客様から依頼を受けたプロジェクトであれば「お客様」もステークホルダーですし、メンバーを他部署から集めている場合には、他部署の責任者である「ライン・マネジャー」もそうです。原材料や人的リソースを外部調達している場合は、「サプライヤー」（供給元、仕入先など）も該当します。

プロジェクト・マネジャーはプロジェクトを円滑に進めるために、ステークホルダーと良好な関係を維持する必要があります。そのために、自分のプロジェクトで誰がステークホルダーなのかを広い視座で知っておきましょう。

■プロジェクトに関わる人たち＝ステークホルダー

プロジェクト・オーナー（スポンサー）

プロジェクトの決裁者であり結果責任者

経営者（役員）、プロジェクト運営委員会

投資決裁やガバナンスを行う人や組織

顧客

いわゆる発注者（社外依頼の場合）

プロジェクト・マネジャー

ライン・マネジャー

社内の人的リソースの提供や、その後のルーティンワークを担う責任者

サプライヤー

プロジェクト活動の一部を担う外注先

プロジェクトチームメンバー

プロジェクト活動やタスクの実行者

社内関連部署

プロジェクトに間接的に関わる部署（経理、法務、人事、総務など）

PMの極意

プロジェクトの「ステークホルダー」が誰なのかをしっかりと把握し、良好な関係を築くことが大事。

08

管理するために未来を「見える化」

プロジェクトマネジメントの基本的な知識と技術を学ぶうえで、大切なことがあります。それは「測定ができないものは管理できない」ということです。

プロジェクトマネジメントの知識と技術は、あらゆるモノやコトを言語化し、可視化するものです。そして言語化・可視化することが測定を可能にします。

たとえば、スケジュールを工程表にすることは、見えない時間を可視化し、測定可能にする技術です。これから学んでいくリスクマネジメントも、見えないリスクを言語化・可視化して、リスクが発生しないように対応するための知識であり技術になります。

特にプロジェクトは、未来の目標を扱いますので、目標設定や計画など、未来を言語化・可視化して「見える化」することがきわめて大切で、見える化するからこそ「やりくり」ができるということをおさえておきましょう。

「言語化」「可視化」の重要性

まずは **企画** → 次は **設計** → そして **開発**

言語化・可視化＝「見える化」

4月	5月	6月
企画		
	設計	
		開発

- いつまでに
- 何を
- どのように生み出すか

PMの極意

工程表にして測定可能にするとプロジェクトの管理がしやすくなる。

09 言語化・可視化のための2つの法則

プロジェクトにおける言語化・可視化は、単純に文書や図表を作成するだけでは足りません。プロジェクトに関わる多くのステークホルダーが、同じ未来の目標や目標達成までの計画を認識するように言語化・可視化する必要があります。目標や計画のイメージのズレは、タスクのやり直しやコミュニケーションのトラブルなどを誘発し、最終的には目標達成の確度を下げてしまうのです。「MORSの法則」や「SMARTの法則」などを活用し、より具体的に、誰が見ても同じ認識になるように、言語化・可視化していきましょう。

たとえば「営業をする」というタスクがあり、詳細を決めていなかったら、活動の認識のズレで効果が出なかったり、活動時にどう行動をすればよいかわからずバタバタしてしまうかもしれません。ですから少なくとも「AさんとBさんの2名で、100件の顧客リストに対して訪問営業し、40件のお客様に新製品のパンフレットを渡す」など、より具体的に言語化しましょう。

「MORSの法則」と「SMARTの法則」とは……

①MORSの法則

- **Measured(計測)**
  カウントできる、数値化できる
- **Observable(観察)**
  誰が見ても、どんな行動をしているのかがわかる
- **Reliable(信頼)**
  客観性があり、誰が見ても同じ行動だと認識できる
- **Specify(明確化)**
  何をどうするかが明確になっている

①②の要素に則って目標や計画を考えるとより具体的かつ現実的な言語化・可視化ができる

②SMARTの法則

- **Specific(明確性)**
  設定した目標や計画は具体的で明確でわかりやすいか
- **Measurable(測定可能)**
  目標や計画の進捗などは計測や測定ができるか
- **Assignable(割当可能)**
  誰が行うかが明確で役割や権限が割り当てられているか
- **Realistic(現実的)**
  現実的な目標や計画を設定されているか
- **Time-bound(期限設定)**
  目標達成やタスクの完了に期限が設けられているか

たとえば……

営業する　**Bad!**(具体性がない)

Aさん、Bさんの2名で100件の訪問営業をし、
□月△日までに40件のお客様に
新製品のパンフレットを渡す　**Good!**

Column 1　プロジェクトマネジメント論

マネジメントにマニュアルなし

◆過去の流用は成功率を下げる

プロジェクトとルーティンワークは、活動の進め方がまったく異なります。中でも大きく異なるのは、「マニュアルがあるかないか」という点です。

やってしまいがちなのが、過去の類似プロジェクトの目標や計画をそのまま流用してしまうことです。類似のプロジェクトと、新たに実施するプロジェクトでは目標の詳細、チームの状況、自社やサプライヤー、お客様の環境は異なっているはずです。過去のプロジェクトの目標や計画を参考にすることは大切ですが、そのままマニュアルとして流用してしまうと、これらの違いから、プロジェクトの成功率が下がってしまうのです。

◆未来の目標を達成させるための手法

プロジェクトマネジメントの手法は、マニュアルではありません。どのように未来の目標を達成させるかという「マネジメントアプローチ（手法）」です。家の建設でいえば毎回同じ家をつくるマニュアルではなく、どんな形・大きさ・デザインの家でもつくれる手法です。

プロジェクトマネジメントの手法を活用し、プロジェクトごとに独自の目標設定・計画・実行をしていくことがプロジェクトの成功率を高めることにつながります。

第2章

未来の目標を明確にしよう

⑩〜㉑

「どうしたらできるか」を考える／「6W2H」／
「要求事項」／優先順位／「プロジェクト憲章」／
「ステークホルダーマネジメント」／
「ステークホルダー管理表」／
「スモールスタート」
etc.

10

「どうしたらできるか」を考える

プロジェクトは「ゴールから考える」活動です。そのため、まずは目標設定から行います。

ゴールから考えるのには重要な理由があります。それは、プロジェクトでは「できない理由を考える」のではなく、「どうしたらできるか」という思考が求められるからです。達成すべき目標をまず明確に立てることが大切なのです。

今の自分の能力や会社の状況、経営資源などの制約を最初に考えてしまうと、本来達成すべきものが目標として設定しづらくなります。たとえば、自社で通信販売の新規事業を立ち上げる話がもち上がったとします。現在の組織能力や人材を最初に見てしまうと、「通信販売関連システムを開発する人材がいない」「オンラインマーケティングができない」などの「できない理由」を考えてしまいがちです。そうではなく最初に目標を設定して「どうしたらできるか」を考えれば、「必要な能力を外注や採用で得る」などのアイデアが出てくるのです。

「ゴールから考える」思考の重要性

PMの極意

ゴールから考える。
＝目標達成時と現在のギャップ（差）を埋めるべく「どうしたらできるか」を考える。

通信販売事業開発プロジェクトを例にすると……

Bad! 現状から考える思考	Good! ゴールから考える思考（「どうしたらできるか」）
通販システムを構築できる人がいない ➡できない	通販システムを外注しよう ➡できる！
コールセンターがない ➡できない	自社でコールセンター経験者を10名採用し、育成しよう ➡できる！
注文から発送までのオペレーション知識がない ➡できない	他社事例を分析しオペレーションプロセスを3か月でつくろう ➡できる！
ウェブマーケティングの部署がない ➡マーケティングできない、かつ注文も少なそう	ウェブマーケティングに強い人材を採用する、または外注するか、費用対効果を検討しよう ➡できる！

11

目標設定に重要な「6W2H」

目標を立てるときは「6W2H」を明確にすることが大切です。6W2Hが明確であれば、目標がイメージしやすく、以降の計画もスムーズに進みます。

たとえば、社内プロジェクトで「従業員のモチベーションを高める」という目標が立てられたとします。でも目標としては、これでは不十分です。

6W2Hの「What」が決まっていそうに見えますが、モチベーションを高めるといっても、何をどこまで高めればよいのでしょうか。「従業員のモチベーションを高める」だけだと測定ができないのです。

また、「従業員」とは誰をさすのでしょうか。全社の従業員でしょうか。特定の事業所のみでしょうか。役職はどこまでが対象でしょうか。

さらにいうと、誰がこのプロジェクトを実行するのでしょうか。

このように、目標設定をするうえでは、「6W2H」を明確に決めることがきわめて重要な要素となります。

目標を明確に設定できる「6W2H」

① What	このプロジェクトで「何を」するのか
② Why	「なぜ」このプロジェクトを行うのか
③ When	このプロジェクトは 「いつからいつまで」なのか
④ Who	「誰が」このプロジェクトを行うのか
⑤ Whom	「誰に」対して このプロジェクトを行うのか
⑥ Where	「どこで」このプロジェクトを行うのか
❶ How	「どのように」このプロジェクトを 行うのか (開発アプローチやプロジェクトマネジメント 手法、目標達成に必要な技術や方法など)
❷ How Much	このプロジェクトの予算は「いくら」か

PMの極意

目標設定において「6W2H」はとても重要な要素。
6W2Hを明確にすることで目標がイメージしやすくなり、以降の計画もスムーズに進む。

12

6W2Hを明確にして目標を決める

34ページの「従業員のモチベーションを高める」という目標は、6W2Hによって具体的にどのように決めておくべきなのでしょうか。

まず、この目標のままだと「測定」ができませんので、目標が達成されたか未達成だったかが、不明確になってしまいます。したがってプロジェクトの望ましい目標となるように、たとえば「従業員満足度を前年対比10ポイント増加」や「モチベーション向上により生産性を5%改善」といった測定可能なものにします。これが、測定可能な6W2Hの「What」になります。

続けて6W2Hの残りの要素で、左図のようにステークホルダーが求める条件や、目標を達成するための技術や方法などを明確にしていきます。

このように、プロジェクトの目標設定時には、6W2Hを最低限明確にしましょう。プロジェクトでは、6W2Hの全体を目標ととらえます。

■6W2H を使った目標の設定例

東京本社
従業員モチベーション向上プロジェクト

① What (何を)	東京本社の「従業員満足度・調査結果」の「満足度」を前年対比「10ポイント増加」させる。
② Why (なぜ)	前年度の離職率が10%となり、「離職者防止が急務」。離職率の改善を通じて「採用・教育コスト」を「削減する必要」がある。……
③ When (いつ)	20XX年4月～20XY年2月まで
④ Who (誰が)	本プロジェクトは「経営企画室と人事部」で行う。 ・プロジェクト・マネジャー 山田一子(経営企画室) ・プロジェクトチームメンバー 田中太郎(人事部) 佐藤花江(人事部) 佐々木葵(経営企画室) ……
⑤ Whom (誰に)	「東京本社の所属従業員を対象」とする。……
⑥ Where (どこで)	本プロジェクトは「東京本社内」で行う。……
❶ How (どのように)	本プロジェクトは「ウォーターフォール型(予測型)」で行う。ワークパッケージは大きく以下3点で構成し、詳細は計画書で定義する。 1. コミュニケーション改善施策 2. 評価制度の見直しおよび実施 3. 新表彰制度の策定および実施 ……
❷ How Much (いくらで)	予算は「2,400万円」とする。ただし、チームメンバーにかかる人件費、オフィスの地代家賃・光熱費……などは予算に含めない。

13 情報をダイレクトに得て6W2Hをまとめる

6W2Hをまとめるうえでの情報は、どこから入手するとよいでしょうか。まずあげられるのが、プロジェクト化される前に存在する資料類です。お客様から依頼されたプロジェクトであれば、お客様との「契約書」、契約前にお客様から提示された「提案依頼書」、自社からの「提案書」、「要件定義書」などです。社内のプロジェクトであれば、企業戦略や事業戦略、マーケティング戦略などが記載された「計画書」、経営企画などが作成する「企画書」や「データ類などの情報」が該当します。

そして大切なことは、プロジェクトの決裁者であるプロジェクト・オーナーや前提となる資料類を作成したお客様、自社の営業担当者、経営企画担当者などの、プロジェクトに今後関与するステークホルダーへのヒアリングを通じて「情報をダイレクトに得る」ことです。

これらの情報を活用し、6W2Hをまとめ、目標設定をしましょう。

6W2Hのまとめ方のポイント

プロジェクト化される前の
資料やデータ類

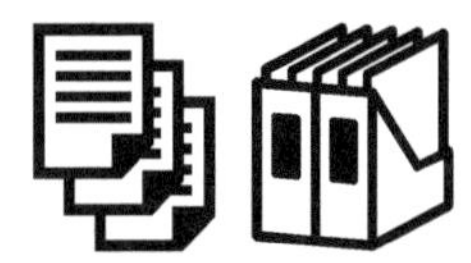

契約書、提案依頼書、要件定義書、
計画書、企画書 …etc.

ステークホルダーへの
ヒアリング

情報をダイレクトに得る

これらの情報を活用して
6W2Hをまとめ、
目標を設定しよう

14 「やりなおし！」を防ぐために「要求事項」を確認

目標設定の前提となる資料類やステークホルダーとのヒアリングで得られた情報の中には、「要求事項」が必ず含まれています。

たとえば、自社の事業部長から「予算は1億円で対応してほしい」、営業担当者から「○月×日にお客様の検査に合格してほしい」と要求されたり、お客様から提示された要件定義書には「納入する経理システムには一般ユーザ用、管理者用の2種類の異なる操作権限設定ができなければならない」と記載されていたりと、さまざまな要求事項があります。

こうしたステークホルダーの要求事項に対し、それらを満たさない目標設定をしてしまった場合、プロジェクトの途中で「こんなものは依頼していない」「やりなおし！」となってしまうことがあります。そうならないためにも、まずは必ずステークホルダーの「誰が」「何を」要求しているのかを確認し、記録として管理表にまとめておきましょう。

■要求事項の収集＝「やりなおし！」の防止策

要求事項管理表の例
（通信販売事業開発プロジェクト）

氏名	カテゴリ	要求事項
ティム・ロビンス	顧客 CMO	・通販システムには管理者と一般ユーザの操作権限設定ができなければならない。 ・自社の経理システムと連携し、1日1回通販売上データを経理システムに自動インポートできなければならない。 ・ユーザ側でインターフェイスのデザインが自由にできる。…etc.
佐々木守	自社 事業部長	・予算は1億円以内で開発すること。 ・IT部門と連携して開発すること。 ・〇〇パッケージソフトウェアを利用してカスタマイズすること。 ・開発パートナーは□▲社を利用すること。 …etc.
鈴木理香	自社 営業部 アカウント・マネジャー	・納期は20XX年11月30日とする。 ・納期前の検査は合計14回、1回目20XX年8月30日、2回目……。 ・顧客への進捗報告は1か月に1回、進捗率、完了タスク、次週実施タスク……を報告すること。 …etc.
グエン・フオン	自社 IT事業部 マネジャー	・開発アプローチはアジャイル型（適応型）で行う。 ・サーバ・ネットワーク環境は□△、▲×……とする。 ・納期前の検査は合計12回、1回目20XX年7月30日、2回目……。 ・外注予算は1.1億円。…etc.

PMの極意

「誰が」「何を」要求しているかを確認して要求事項を具体的にまとめよう。

15 利害が衝突した要求には優先順位をつける

要求事項を管理表にまとめると、気づくことがあります。それは「利害が衝突している要求がある」ということです。

たとえば、お客様からのオーダー製品の納入に際して、自社の営業担当者は「4～6月に毎月200個納品してほしい」と要求し、一方で製造側は「製造工程の都合から6月に一括で600個を納入したい」と要求する、などです。

このように利害が衝突している要求がある場合には、当該のステークホルダーと話し合い、なぜその要求事項が出されているのかを確認し、要求事項の優先順位づけをしましょう。左図は要求事項の優先順位づけする方法の例です。

もしも自ら優先順位づけするのが難しい場合は、利害が衝突している双方と話し合う場を設け、その事実を開示し、よい方策はないかを検討しましょう。それでも双方の利害衝突が解決されない場合は、プロジェクト・オーナーなどの決裁者の意思決定をあおぎ、優先順位づけをしていきます。

要求事項に対する優先順位のつけ方

氏名	カテゴリ	優先度	要求事項
鈴木理香	自社 営業部 アカウント・ マネジャー	MUST	• 4月から6月にかけて毎月200個納品すること。 …etc.

利害関係が衝突！

氏名	カテゴリ	優先度	要求事項
米倉佐紀	自社 製造部第1課 課長	MUST	• 6月に一括で600 個を納入する。 …etc.

氏名	カテゴリ	優先度	要求事項
鈴木理香	自社 営業部 アカウント・ マネジャー	Could	• 4月から6月にかけて 毎月200個納品**できれば望ましい**。 …etc.

双方にとって望ましい計画に改善！

氏名	カテゴリ	優先度	要求事項
米倉佐紀	自社 製造部第1課 課長	MUST	• 6月に一括で600 個を納入する **(既製品の製造状況により、可能な限り4月から6月にかけて毎月200個納品を目指すこと)**。 …etc.

PMの極意

「要求事項管理表」に「優先度」の項目を設け、
どれを優先的に対応すべきかを明確化する。
優先度は「Must（Must Have・必須）」
「Should（すべきこと）」「Could（Nice to Have・可能であれば）」
「Won't（不要）」や「高」「中」「低」など
ステークホルダーがわかりやすいもので表示。

16

プロジェクトの目標をまとめた「プロジェクト憲章」

プロジェクトの前提となる資料のまとめ、ステークホルダーへのヒアリング、要求事項の調整をしたら、プロジェクトの目標を書類としてまとめましょう。この書類を「プロジェクト憲章」といい、英語では「Project Charter」と呼びます。

プロジェクト憲章は、プロジェクトの計画と実行をする前の「企画書」の位置づけで、この中で6W2Hの詳細を明確にしていきます。

企画書のフォーマットが企業や個人で違うように、プロジェクト憲章の世界共通のフォーマットは存在していません。ページ数も、プロジェクトの規模や難易度によって、リングファイルでないと収まらないほどのページになることがあれば、10ページ以下の場合もあります。

ただし、プロジェクト憲章で最低限まとめておくべき項目はありますので、これらを46ページから見ていきましょう。

「プロジェクト憲章」はプロジェクトの「企画書」

プロジェクト憲章
（プロジェクト・チャーター）
で6W2Hをさらに詳細化

17 プロジェクト憲章のまとめ方

プロジェクト憲章で最低限まとめておくべき項目は、左図のとおりです。わかりやすいように各項目が6W2Hのどれに該当しているかを記載していますが、これに限らずほかの6W2Hの要素を組み込めるプロジェクトの場合には、それらを加えましょう。また、各項目の内容には、29ページで解説した「MORSの法則」や「SMARTの法則」を可能な限り考慮して記載します。

会社内で仕事をされている方は、組織内で定型化されたフォーマットや、記載すべき項目が決まっている場合がありますので、必ず一度は社内で確認を取ることをおすすめします。また、諸先輩方が過去に作成したプロジェクト憲章が存在している場合もありますので、ベンチマークとして確認しましょう。

なお、プロジェクト憲章は一度作成したら終わりではありません。後から変更が入る可能性がありますから、改定した履歴などを必ずつけておくようにしましょう。

■最低限まとめておくべきプロジェクト憲章の項目

項目	記載内容	6W2H対比
プロジェクト名	「誰向けの何のプロジェクトなのか」を明確にしたわかりやすい名称にする。	What、Whom
プロジェクトの背景と目的	プロジェクトを「開始する背景」と「実行する目的」を記載。	Why
成果物／要素成果物	本プロジェクトで「誰向けのどのような成果物・要素成果物（62ページ）を生み出すか」の概要を記載。	What、Whom
成果物／要素成果物の納期	各成果物・要素成果物の「納期」を明記。「現時点でどういった順番で目標達成を目指すか」のプロセスの概要も記載。	When
前提条件／制約条件	プロジェクトを実行するうえでの「前提」を記載（材料は○▲から納入、プログラミングは□×を利用など）。また、「コスト以外の制約条件」を記載（▽○法に準拠、開発メンバーは10名までとするなど）。	How
予算	「予算」を明記。可能であれば、成果物や要素成果物ごとに予算を割り当てて記載。	How Much
実施場所	プロジェクトを「主体的に運営する部署を確定」させ、「実施場所」とあわせて明記。	Where
プロジェクト体制	プロジェクト・オーナー、プロジェクト・マネジャー、チームメンバーなど、プロジェクトに直接関わる人の「氏名」「所属」「役割」などをリストや体制図で明記。	Who
主要ステークホルダー	「プロジェクト体制」以外の主要なステークホルダーの「氏名」「所属」「役割」などをリストや体制図で明記。	Who、Whom
リスク	現時点での「目標達成に影響を与えるリスクとその対策」を記載。	How
変更コントロール	目標や計画の変更が必要な場合に、どのレベルの変更から「変更会議」（108ページ）を実施するかに加え、変更会議の参加者、意識決定の方法、どう承認するかなどを記載。	How
承認日／承認者／改定履歴	プロジェクト憲章の制定日、改定時の承認日、承認者、改定履歴を記載。	—

18 プロジェクト憲章は必ず承認を得る

プロジェクト憲章を作成したら必ず決裁者の承認を得るようにしましょう。会社内のプロジェクトであれば上司や経営者、お客様向けのプロジェクトであればお客様の決裁者と自社の決裁者双方から承認をもらい、その承認の証拠をプロジェクト憲章内にしっかりと記載しておくことが重要です。

承認が得られるまでには、何度かプロジェクト憲章の確認依頼や修正が入るもので、手間がかかります。でも、承認を得ずにプロジェクトを進めてしまった場合、「こんなことを依頼していない」などと成果物に相違が発生し、後々に問題になる場合があります。大きなプロジェクトになればなるほど問題は大きくなり、最悪の場合、裁判などの係争に発展することも残念ながらあります。

このような問題が発生した際にも、プロジェクト憲章の承認は重要なエビデンス（証拠）の1つになりますので、面倒でも必ず承認を得るようにしてください。

大切なプロジェクト憲章の承認

PMの極意

プロジェクト憲章の承認は重要なエビデンス（証拠）の１つ。
➡「決裁者に必ず承認」をもらい、「署名または捺印」してもらう。
「変更された場合」も決裁者に「必ず承認」をもらい、
「署名または捺印」してもらう。

承認を得なかったことで、こんなトラブルも……

- プロジェクト実行中に決裁者が変わり、「これは誰が決めたの？　正式に決定したものなの？　今の責任者は私だから成果物を変更してほしい」と大幅に目標を変更されてしまう……。

- お客様向けのプロジェクトで、プロジェクトが上手くいかずに係争案件になってしまった際、プロジェクト憲章の承認がされていなかったために、「約束した・していない」の主張で問題がさらに大きくなる……。

19

プロジェクトを円滑に進めるための「ステークホルダーマネジメント」

プロジェクトを実行すると、残念なことにプロジェクトに反対する関係者が現れ、その反対勢力が進行の阻害要因になってしまうことがあります。

そうしたことにならないように、ステークホルダーとの良好な関係を築くためにも、プロジェクトの最初から「ステークホルダーマネジメント」を開始しましょう。ステークホルダーマネジメントとは「利害関係者のやりくり」です。

たとえば似た業務を行っている第1課と第2課があり、第1課が大きなプロジェクトを受注して社長が第2課に協力要請をしたとします。この場合に第2課の課長が、自分の部下が第1課の支援にまわることに加え、嫉妬心から足を引っ張ることがあるのです。また、プロジェクトがうまく進まずに追加コストが膨らんだ場合、経理部門もプロジェクト中止の動きをする可能性があります。

ですから、普段から良好な関係性を構築し、プロジェクトの応援団を増やしておくことが大切なのです。

■ステークホルダーマネジメントの重要性

応援勢力　応援勢力

反対勢力　反対勢力

ステークホルダーマネジメントによって「反対勢力を少なく」し、かつ「応援勢力を多く」して、プロジェクトを進めるうえでの阻害要因をなくす。

反対勢力をほうっておくとこんなことも……

- プロジェクトには直接関わっていないものの、予算を一手に管理している「経理部門」がプロジェクトに良い印象をもっておらず、予算オーバーを気にして過剰なまでの進捗報告や提出物を求めてくる。
- プロジェクトメンバーを拠出する「ライン・マネジャー」がプロジェクトに対して良く思っておらず、人的資源の供給を依頼しても、なかなか供給してもらえずプロジェクトに必要な人的資源が確保できない。

PMの極意

普段から良好な関係性を構築してプロジェクトの「応援団」を増やすことが大切。

20 「ステークホルダー管理表」でマネジメントする

ステークホルダーマネジメントでは、「ステークホルダー管理表」が重要なツールとなります。下図は、最低限必要な項目を掲載したステークホルダー管理表で、この中でも特に重要な項目は「関心事項」と「賛否」です。

「関心事項」は、各ステークホルダーの要求事項やプロジェクトに対する期待などになります。たとえば、社長から「予算は3000万円以内」と要求があれば、関心事項は「コス

影響度：プロジェクトに対してどれだけ影響力があるか
興味・関心度：プロジェクトに対してどれだけ興味・関心があるか

	影響度	興味・関心度	賛否	対応内容
	高	高	賛成	• 週１回の進捗報告で、開発の進捗とマーケティング関連コストの状況を共有 • DEFエンジニアリング社の動向を注視し、動きがあれば即時報告 ……
	高	高	賛成	• 週１回の開発の進捗報告と社内の品質チェックテストへの参加を要請 • マーケティング再委託先との定例会議への参加を提案（開始から３か月間）……
	低	高	反対	• 拠出メンバーの残業管理の徹底 • ライン業務とプロジェクト業務の時間割を作成してライン業務への負荷軽減 • 定期コミュニケーションによる懸念の吸い上げと解消 ……

現時点での賛否を記載

ト管理の徹底」「コストオーバーのリスク」になるかもしれません。

次に「賛否」には、各ステークホルダーが現時点でプロジェクトに賛成なのか、中立なのか、反対なのかを記載します。この「関心事項」と「賛否」を見て、戦略的に「対応内容」を考えます。

対応内容は、反対の人をどのように中立にするか、中立の人を賛成にするか、賛成の人を賛成のまま維持するかの視点で作成します。管理表は作成後、定期的にアップデートしていきましょう。

ステークホルダー管理表の具体例

No.	名前 役職 役割	組織・部門 連絡先	関心事項	
1	山本由美 執行役員 CMO	ABCエンジニアリング (お客様) XX-XXX-XXXX XXX@XXXXX	• 本プロジェクトでの新開発商品Xによる売上拡大(昨年度比120%増) • 競合するDEFエンジニアリングの○▲機能を上回る製品の市場展開 • マーケティングコストの削減 ……	
2	田中和樹 プロジェクト・オーナー	XYG開発 (自社) YY-YYY-YYYY YYY@YYYYY	• 顧客の品質要求事項に適合する製品クオリティの担保 • マーケティング業務の再委託先の品質とスケジュールの遵守度 ……	
3	塩尻明日香 開発２課 課長	XYG開発 (自社) ZZ-ZZZ-ZZZZ ZZZ@ZZZZZ	• 拠出メンバーの残業時間 • 拠出メンバーの通常業務への影響 ……	

要求事項やプロジェクトに対する期待などを記載

21 目標設定が難航したときは「スモールスタート」する

プロジェクト憲章を作成しても、なかなか承認されないことがあります。理由はさまざまですが、よくあるのが「コストが大きくて承認されない」「技術的に不確実性があるので決裁者が意思決定しづらい」ケースです。決裁者の立場では、未来の不確実なものに対して決裁するのには勇気がいります。また、プロジェクトが大きくなって長期間になればなるほど目標設定も難しくなります。

このようなときには、プロジェクトをフェーズで細切れにし、最初のフェーズだけを目標設定して承認を得ることがあります。

たとえば、新しい人工知能（AI）システムの開発に際して、全体のコストが大きく技術的に不確実性も高い場合には、最初はシステム設計のフェーズまでをプロジェクト化して目標設定し、承認を得るのです。このように大きなプロジェクトで目標設定に難航したら、フェーズを細切れにして「スモールスタート」にすると、目標設定しやすくなり承認・決裁も得られやすくなります。

目標設定がうまくいかないときには……

○△プロジェクト

長期や大きなプロジェクトになればなるほど、決裁者も意思決定しづらい。

PMの極意

このような場合は、フェーズで細切れにして決裁を得るのも１つの手＝スモールスタート。

○△プロジェクト フェーズ 1 → ○△プロジェクト フェーズ 2 → ○△プロジェクト フェーズ 3 → ……

Column 2　

目標は進むうちに変わるもの

◆目標と変更プロセスを明確化

プロジェクトの目標を明確にしたとしても、その目標は、ほぼ間違いなく変更されていきます。詳細な計画を立てていくうちに、そして実際にプロジェクトを実行していくうちに、現実が見えてくるためです。

だからといってあいまいにするのではなく、変更の回数や度合いを少なくするためにも、目標設定は可能な限り明確にしましょう。そして、目標の変更時に必要な手続きや意思決定方法などの変更プロセス（変更会議・108ページ）も明確にしておくことが大切です。

◆真摯な対応で変更回数が減る

もしも着手するプロジェクトが長期間のものや、新規性が高く難易度が高いもので目標が立てにくいものの場合、プロジェクトを細分化するのも手です。たとえば、1年間のプロジェクトを３か月間の４つのプロジェクトにし、最初の３か月のプロジェクトをまず実施する、などです。これにより、３か月先のより明確な目標の設定ができます。

また、プロジェクトの変更は、プロジェクト開始直後に多く発生しますが、初期変更に真摯に対応することで、徐々に変更回数は少なくなっていくものです。

第3章

プロジェクトを計画しよう

㉒〜㊻

目標の「細分化」／「要素分解」／「ＷＢＳ」／
「成果物」／「要素成果物」／「ガントチャート」／
スケジュールのつくり方／「マイルストーン」／
スケジュール遅延の２大要因／「バッファ」／
「役割分担表」／「コスト計画」／「コスト管理表」／
予算オーバーへの２つの対処法／
リスクの「洗い出し」と「優先順位」／
「リスク管理表」／「コンティンジェンシー計画」／
コミュニケーションのルール／進捗管理のルール／
「変更要求」への対応
etc.

22

計画するために目標を「細分化」

目標が明確になり、プロジェクト憲章が承認されたら「計画」に入ります。計画は、未来の目標と現状のギャップを埋める「ロードマップ」を描くようなもので、まずはじめにすることは、目標を「細分化する」ことです。

皆さんは300gのステーキが目の前に出てきたら、どのようにして食べるでしょうか。ほとんどの方はナイフで食べやすいサイズに切り、切ったステーキを順番に食べると思います。自分で食べきれなかったら、切ることで誰かに分けることもできます。

同じようにプロジェクトの目標も1日では達成できませんので、目標を細分化し「実行しやすいサイズ」にします。このやりやすいサイズを「タスク」とし、それぞれのタスクに6W2Hを設定していくのです。こうすることで、それぞれのタスクを、いくらで、どこで、いつまでに、誰が誰に対して、どのように、何を行い、なぜ実行するか、など詳細な計画をつくることができます。

■計画するための基本的な考え方とは……

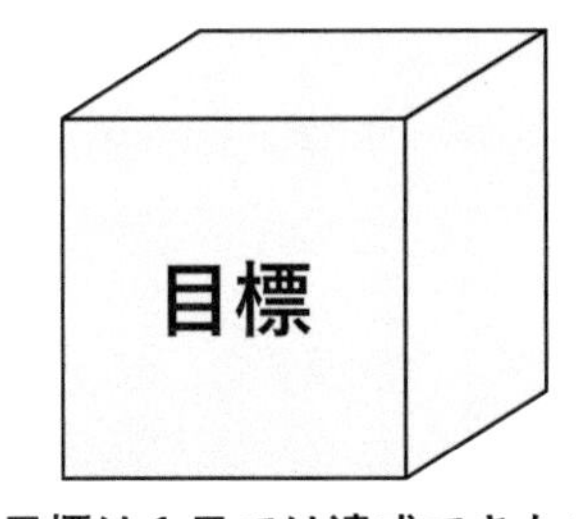

目標は１日では達成できない

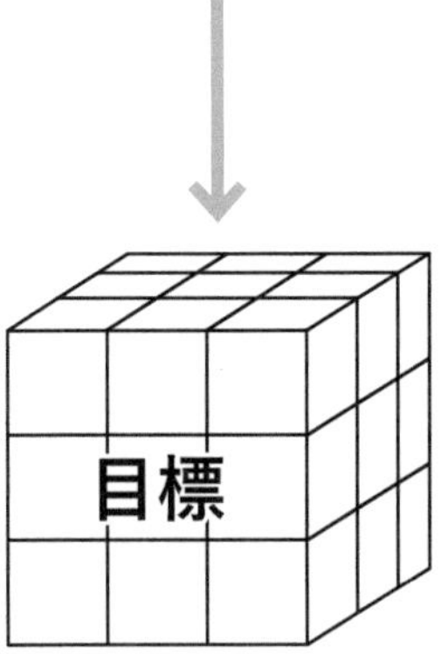

実行しやすいサイズに目標を「細分化」する

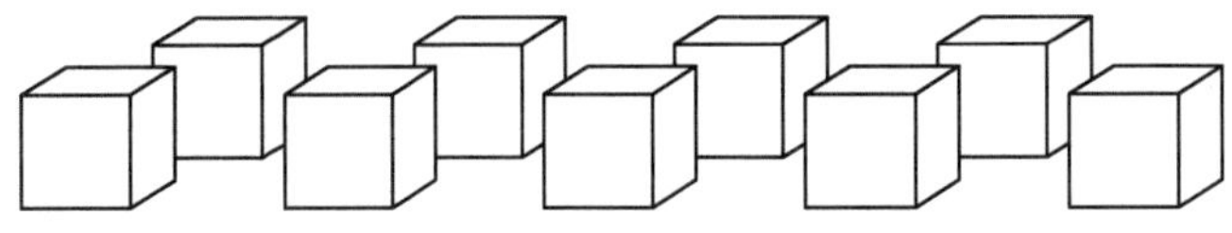

PMの極意

「何を」「なぜ」「いつ」「誰が」「誰に」「どこで」「どのように」「いくら」で行うのかを明確化。

23

本とカレーライスの「要素分解」

58ページで説明した、「ステーキを切るように目標を細分化する」ことを「要素分解」といいます。

皆さんが今読んでいるこの本は、どう細分化できるでしょうか。本文（書籍本体）、カバー、帯などのパーツで構成されています。さらに本文は、目次、第1章、第2章などに細分化できます。打って変わってカレーライスのセットはどうでしょう。カレーライス、サラダ、ドリンク、食器などに細分化できます。

同じように目標は、「どのパーツがそろえば達成できるのか」という思考で要素分解をしましょう。要素分解をせず、いきなりタスクやスケジュールを作成してしまうと、タスクのヌケ・モレや、ヌケ・モレによるスケジュール遅延などで目標達成の確度が低くなってしまいます。

そうならないためにも、要素分解で目標達成に必要なパーツや作業の全体像を導きましょう。この全体像のことを「スコープ」（作業範囲）といいます。

要素分解してヌケ・モレを防ぐ

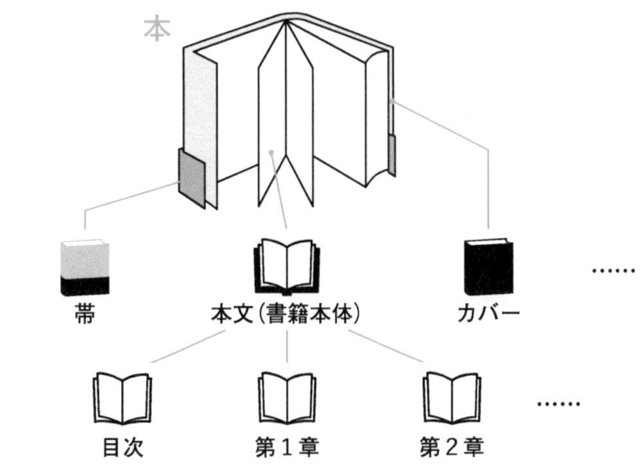

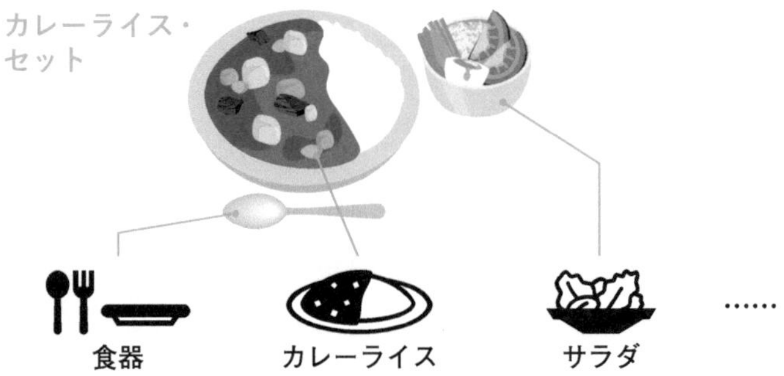

PMの極意

「どのパーツがそろえば目標が達成できるか」の視点で目標を要素分解する。
➡タスクのヌケ・モレ、スケジュール遅延が防げる。

24

要素分解ツール「ＷＢＳ」の基本

要素分解するためのプロジェクトツールを「ＷＢＳ」と呼びます。「Work Breakdown Structure」の略で、日本語では「作業分解構成図」といえます。

一般的なＷＢＳは、４層構造の「ツリー図」です。１層目にはプロジェクトの目標や名称を記載し、２層目には、プロジェクトの達成のために大枠として「どの成果物がパーツとして必要か」という観点で「成果物」を書き出します。

３層目は「要素成果物」です。２層目の成果物をさらに分解するとどのような要素で構成されているかがわかるように書き出します。４層目は、３層目の要素成果物をどのように生み出すかの「活動」を書き出し、この4層目の活動が、一般的には「活動時のタスク」になっていきます。

ＷＢＳは、プロジェクト憲章や、プロジェクト憲章を作成する前の前提資料やインタビューの結果をもとに、未来の活動をイメージしながら作成していきます。

「WBS」の基本的な構造とは……

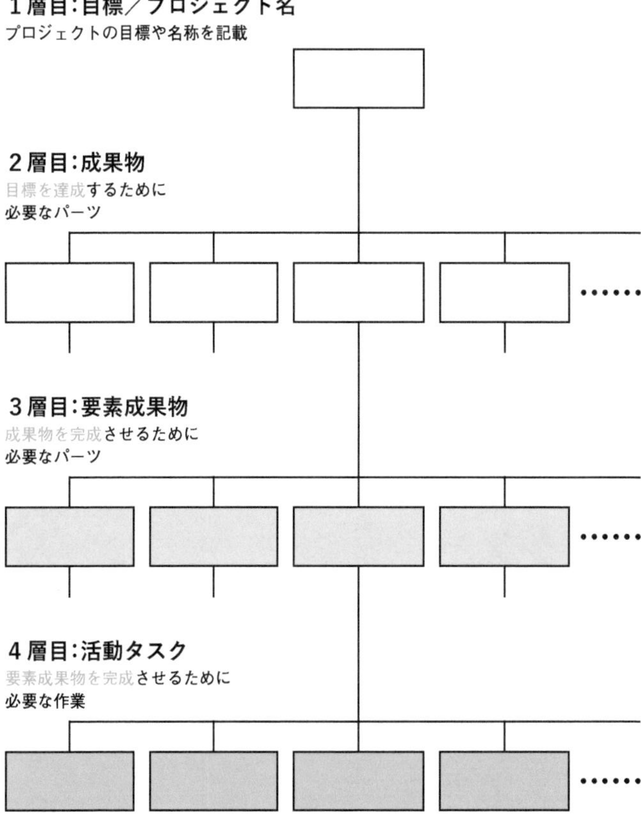

PMの極意

プロジェクト憲章や、プロジェクト憲章を作成する前の「前提資料」「インタビュー結果」をもとに「未来の活動をイメージ」して作成。

25

WBSを使って要素分解する

WBSは、作成すればするほどスキルが高まります。皆さんも身近なモノやコトで要素を分解してみましょう。

たとえば、この本は、本文（書籍本体）、カバー、帯などの成果物に分解できます。次に、「それぞれの成果物はどのような要素成果物ができれば完成するのか」という視点で要素成果物を導いていきます。カバーでいえば、紙、デザイン、タイトル、著者プロフィールなどが要素成果物です。

そして、「要素成果物はどのような活動で生み出されるか」を定義します。紙なら業者選定、見積り依頼、注文、配送などの活動に分解されます。

WBSの作成時には、切り口や細分化の粒度で悩むことがよくあります。これには決まりがなく経験が必要ですが、重要なことはプロジェクトを「やりくり」するときにベストなサイズや切り口で細分化することです。大きすぎれば進捗管理が難しくなり、小さすぎると進捗管理の工数が増えてしまうのです。

本の制作におけるWBSの使い方

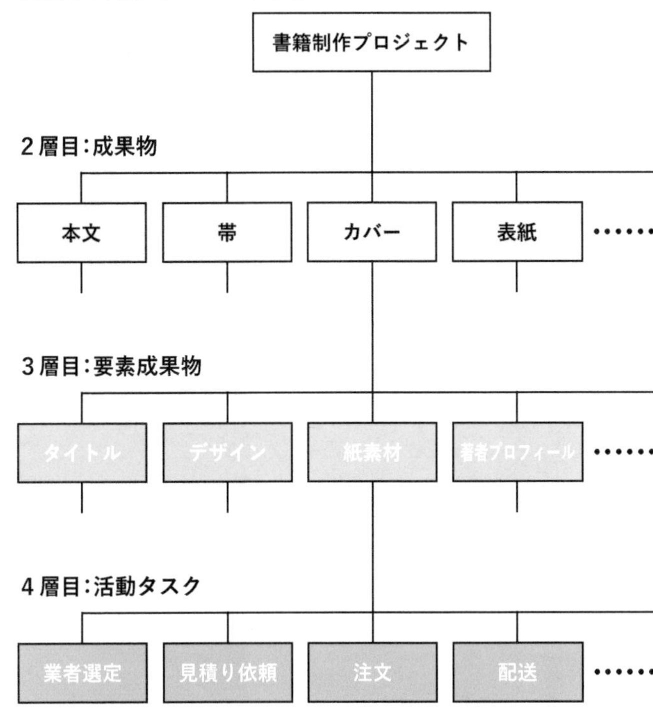

PMの極意

WBS作成時には

＝自分が管理しやすいサイズで分解する。
「細かい」と進捗を把握しやすいが管理しづらい。
「粗い」と管理しやすいが進捗を把握しづらい。

➡何度かプロジェクトを経験し、
自分が管理しやすいサイズを見つけよう。

26

「成果物」「要素成果物」を可視化する

目標と同じく、成果物や要素成果物についても、可視化、または測定可能なものにしていきます。たとえば、64ページであげた「デザイン」という要素成果物は、何をもって完成かが不明瞭です。チームメンバーがプロジェクト実行時に「デザインが終わりました」といってきても、プロジェクト・マネジャーのあなたは、何をもとに完了したと判断してよいか、はっきりしません。

ですからこのケースでは、「デザイン図」や「デザイン見本の書類」など、目で見て完了したかどうかが判断できるものを成果物や要素成果物にします。

実際のプロジェクトでありがちなのが、「契約」や「議論」、「営業」などを成果物や要素成果物に設定してしまうことですが、これらは成果が測定しづらいです。そのため、「契約書」や「合意済み議事録」、「営業完了報告書」など、可能な限り、完了した結果を確認できるように可視化する、または測定可能なアウトプットを成果物や要素成果物に設定しましょう。

「成果物」「要素成果物」は目で見て確認

成果物・要素成果物は目で見て確認できるものがよい

PMの極意

プロジェクトが大きくなるほど、「成果物」や「要素成果物」には
プロジェクト・マネジャーの専門外のものも含まれる。
適切に承認するためにも「可視化され測定可能なもの」
を設定する。

27 進捗を管理する「ガントチャート」

プロジェクトマネジメントといえば「工程表」を思い浮かべる人も多いのではないでしょうか。この工程表のことをプロジェクトマネジメントでは「ガントチャート（Gantt Chart）」と呼びます（70ページ）。

ＷＢＳですべての活動がタスクとして導き出されました。ガントチャートは、これらのタスクの前後関係や「いつからいつまでに実施するのか」を明確にするために作成します。つまり、ＷＢＳとガントチャートの内容は、つながっているのです。

プロジェクトの実行中に進捗を管理し、遅延を防止するために、ガントチャートを高い頻度で活用します。具体的には、プロジェクト全体や各タスクの進捗率を把握し、計画と実績の差を把握するために活用します。

ＷＢＳやガントチャートは1人でつくらず、それぞれの活動の専門家やプロジェクトチームメンバーと相談し、現実的なものを作成していきましょう。

活動タスクの順番や影響力がわかる

ガントチャートでは、成果物・要素成果物・活動タスクを、早く着手すべきものから表の上部に配置します。これにより、ガントチャートの右側の時間を表現する各活動タスクの帯が、左から右への時間の経過とともに、滝が流れるように配置されます。このように表現することで、プロジェクト実行中にどの活動タスクの後にどの活動タスクを行うのかがわかりやすくなります。

また、どの活動タスクが遅れると、後工程のどの活動タスクや要素成果物、成果物が影響を受けるのかも把握できます。これがわかりやすいことが、プロジェクトチーム全体の生産性を高めるのです。

この滝の流れのような時間の帯の様子を「ウォーターフォール」と呼び、ガントチャートでプロジェクトの各種工程とそのスケジュールを徹底的に管理する手法を「ウォーターフォール型」と呼びます。20ページでも紹介したウォーターフォール型は、伝統的なプロジェクトアプローチ手法です。

最終更新者:カドカワ太郎
Version 1.1

					8月				9月				……
……	開始日	終了日	残日数	進捗	1週	2週	3週	4週 5週	1週	2週	3週	4週 5週	……
	8/1	8/31	完了	100%									
	9/1	9/30	完了	100%									
	10/1	10/15	15日 ●	0%									
	10/16	10/31	31日 ●	0%									
	10/1	10/15	15日 ●	0%									
	10/16	10/31	31日 ●	0%									
	11/1	11/14	45日 ●	0%									
	11/15	11/20	51日 ●	0%									
	11/1	11/30	61日 ●	0%									
	12/1	12/10	71日 ●	0%									
				%									
				%									
				%									

各タスクの進捗を週ごとに管理する。左から右への時間の経過とともにタスクが終わり、次のタスク(下)に流れていく。この帯の様子を「ウォーターフォール」という

各タスクの「はじまり」「終わり」、作業期間の「残日数」「進捗率」を記載。残日数には、残りの日数に応じて「●」で色分けしてマーキングするとわかりやすい

■プロジェクトマネジメントに大事なガントチャート

新商品○▲開発プロジェクト

20XX年10月1日現在

成果物No.	成果物名	要素成果物No.	要素成果物名	活動タスクNo.	活動タスク名	役割分担表				
						PM 山根	メンバー 営業部 富田	メンバー 技術部 小杉	メンバー 広報部 稲毛	……
10000	成果物A	11000	要素成果物AA	11001	タスクAAA			●		
				11002	タスクAAB			●		
				11003	タスクAAC			●		
				11004	タスクAAD			●		
				……	……					
		12000	要素成果物AB	12001	タスクABA		●			
				12002	タスクABB		●			
				……	……					
				……	……					
20000	成果物B	21000	要素成果物BA	21001	タスクBAA				●	
				21002	タスクBAB				●	
				……	……					
		22000	要素成果物BB	22001	タスクBBA				●	
				22002	タスクBBB				●	
				……	……					
		……	……	……	……					
……	……	……	……	……	……					

成果物・要素成果物・活動タスクの「No.」「名称」を着手すべき順に記載

「役割分担表」には「役柄」と「名前」に加えて、担当するタスクに「●」を記載

28 大事なスケジュールのつくり方

具体的にスケジュールのつくり方を見ていきましょう。

WBSを左に90度回転させたものが、ガントチャートのタスクリストになります。次に、成果物を早めに着手すべき順に上から並べます。同様に、成果物の中の要素成果物、要素成果物の中の活動タスクも早めに着手するものを上にもっていき、今後管理しやすいように番号をつけます。

そして、各活動であるタスクに開始日と終了日を設定します。要素成果物の中のすべての活動の開始日と終了日がわかれば、要素成果物の開始・終了日がわかり、同様に、成果物の中のすべての要素成果物の開始・終了日がわかれば成果物の開始・終了日がわかります。こうしてすべての成果物の開始日・終了日が判明すると、プロジェクト全体の開始・終了日、そして期間がわかります。

最後に、スケジュールを見やすくするために、各活動のタスクスケジュールを棒グラフのように表示し、見えない「時間」要素を可視化させます。

■WBSからスケジュールを作成する3 Step

スケジュールのつくり方・3つのStep

Step 1：WBSを左に90度回転させる。すると、ガントチャートの「成果物」「要素成果物」「活動タスク」のリストになる。

Step 2：成果物、要素成果物、活動タスクを「早めに着手すべき順」に並び替えてガントチャートに反映する。

Step 3：各活動タスクに「開始日」「終了日」を設定して時間の概念を加える。

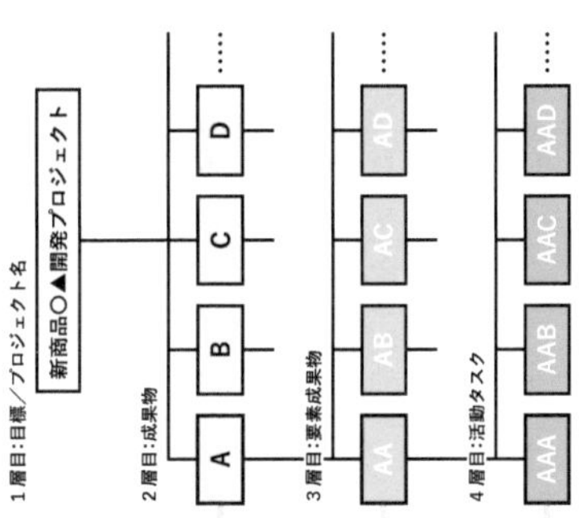

①WBSをゴロンと90度左に回転させる

②着手すべき順にガントチャートに反映

新商品○▲開発プロジェクト

成果物No.	成果物名	要素成果物No.	要素成果物名	活動タスクNo.	活動タスク名	役割分担表					開始日	終了日	
						PM 山根	メンバー 営業部 富田	メンバー 技術部 小杉	メンバー 広報部 稲毛	……			
10000	成果物A	11000	要素成果物AA	11001	タスクAAA			●			8/1	8/31	……
				11002	タスクAAB			●			9/1	9/30	……
				11003	タスクAAC			●			10/1	10/15	……
				11004	タスクAAD			●			10/16	10/31	……
				……	……								
		12000	要素成果物AB	12001	タスクABA		●				10/1	10/15	……
				12002	タスクABB		●				10/16	10/31	……
				……	……								
		……	……	……	……								

③開始と終了の日付を記載

29 「マイルストーン」を決める

ガントチャートでスケジュールをつくると、プロジェクト憲章で明示した期日までに活動がおさまらないことがあります。この場合は、人的リソースや高性能の機械を投入して作業や処理速度を早め、特定のタスクの時間を圧縮する、あるいは同時並行で複数のタスクを実行するといった「やりくり」をし、期日までにおさめていきます。

そのときに大切な指標となるのが「マイルストーン」です。

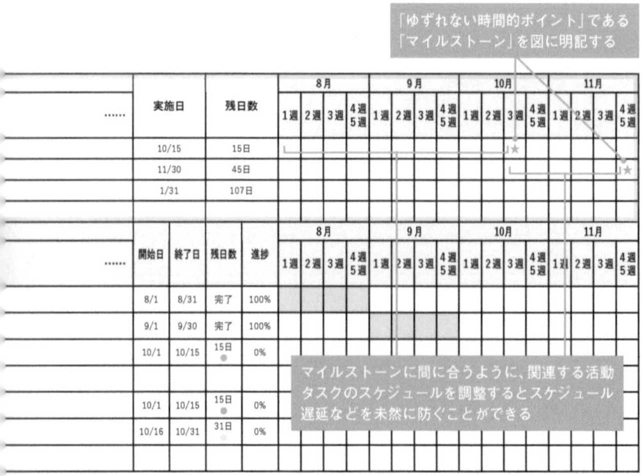

「ゆずれない時間的ポイント」である「マイルストーン」を図に明記する

……	実施日	残日数	8月				9月				10月				11月			
			1週	2週	3週	4週5週	1週	2週	3週	4週5週	1週	2週	3週	4週5週	1週	2週	3週	4週5週
	10/15	15日											★					
	11/30	45日																★
	1/31	107日																

……	開始日	終了日	残日数	進捗	8月				9月				10月				11月			
					1週	2週	3週	4週5週	1週	2週	3週	4週5週	1週	2週	3週	4週5週	1週	2週	3週	4週5週
	8/1	8/31	完了	100%																
	9/1	9/30	完了	100%																
	10/1	10/15	15日	0%																
	10/1	10/15	15日	0%																
	10/16	10/31	31日	0%																

マイルストーンに間に合うように、関連する活動タスクのスケジュールを調整するとスケジュール遅延などを未然に防ぐことができる

マイルストーンとは、鉄道や道路などにおいて起点からの距離をマイルで表した距離標識に由来する言葉です。プロジェクトでは、プロジェクト期間内での重要な「時間的目印」として使われます。簡単にいえば「ゆずれない時間的ポイント」で、契約や検収、決裁者の承認など、これをクリアしないと次に進めない重要なポイントをさします。

ですから、マイルストーンをまず決め、それぞれのマイルストーンに間に合うようにタスクを調整すると「やりくり」がしやすいです。

マイルストーンをガントチャートに組み込む

マイルストーンを明示したエリア

新商品〇▲開発プロジェクト 20XX年10月1日現在						参加者／実施者				
						事業部長 藤原	技術部長 海老原	営業部長 大山	広報部長 小金井	……
マイルストーン				マイルストーンA		●	●			
				マイルストーンB			●	●		
				マイルストーンC		●	●			
				……						
						役割分担表				
成果物No.	成果物名	要素成果物No.	要素成果物名	活動タスクNo.	活動タスク名	PM 山根	メンバー 営業部 富田	メンバー 技術部 小杉	メンバー 広報部 稲毛	……
10000	成果物A	11000	要素成果物AA	11001	タスクAAA			●		
				11002	タスクAAB			●		
				11003	タスクAAC			●		
				……	……					
		12000	要素成果物AB	12001	タスクABA		●			
				12002	タスクABB		●			
				……	……					

30 どうしてもスケジュール内でおさまらないときの手段

各種リソース（経営資源）の投入や、同時並行で複数のタスクを実行したとしても期日までにスケジュールがおさまらない場合は、プロジェクト憲章の内容が現実的ではなかった可能性があります。このような場合は、プロジェクト憲章を承認した決裁者とあらためて会議を行い、修正しましょう。

よくある意思決定としては、「プロジェクトの期日を後倒し」にすることです。また、「要求事項を調整し、レベルを下げてスケジュールにおさめる」こともあります。たとえば、新型パソコン1000台を8月31日までに納品するプロジェクトを、製造ラインの生産性などの理由により、800台を8月31日に納品するように変更する、などです。

計画が進むと、プロジェクト憲章やほかの計画が変更されることがあります。これも、バランスのよい現実的な計画策定のための重要な活動です。

「期日を変更する」または「レベルを下げる」

期日

プロジェクト全体スケジュール

計画の時点で、どう「やりくり」しても現実的にプロジェクトの全体スケジュールが期日に間に合わないと判明

対処法1

合理的な理由のもとに提案・調整して期日を変更する

期日

プロジェクト全体スケジュール

対処法2

合理的な理由のもとに要求事項のレベルを下げる（行わないことを決める）

期日

プロジェクト全体スケジュール

PMの極意

いずれの方法で対処する場合もプロジェクト憲章を修正して再度、決裁者の承認をもらうこと。

31 スケジュールが遅延する2大要因

「独自の目標」と「期限」が含まれるプロジェクトでは、スケジュール遅延が発生することがあります。チームメンバーが頑張って作業を進めていたとしても、です。皆さんも経験したことがあるのではないでしょうか。

スケジュール遅延が発生する「2大要因」を特別にお伝えします。

第1に、「チームの生産性」を考慮せずにスケジュールをつくると遅延しやすくなります。チームというのは、プロジェクトの実行開始から徐々に生産性が高まるもので、最初のうちは、同じタスクボリュームでも時間がかかるのです。ですからプロジェクトの開始時は、同じタスクボリュームでも時間がかかることを想定してスケジュールをつくることをおすすめします。

第2に、「決裁者の意思決定時間」を考慮せずにスケジュールをつくった場合です。決裁者の承認を得ないと次に進めないプロジェクトでは、決裁者との会議調整、会議、意思決定などの時間を考慮してスケジュールをつくりましょう。

■「チームの生産性」と「意思決定時間」を考える

スケジュール遅延要因①：チームの生産性

- チームの生産性は、プロジェクト開始当初は低く、チーム力の向上にともなって徐々に向上していく。

➡チームの生産性の変化を考慮したスケジュールを策定しよう。

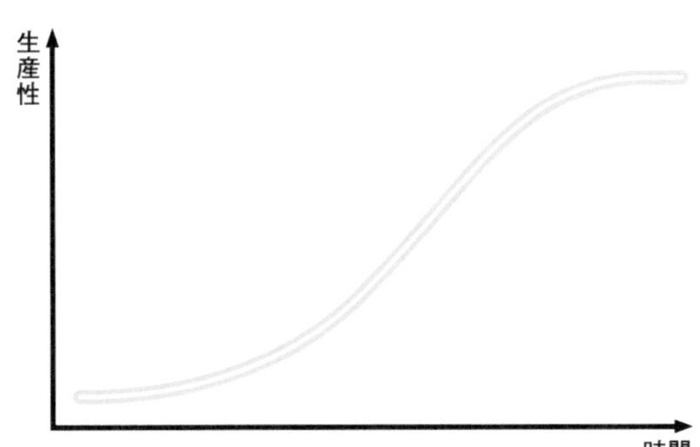

スケジュール遅延要因②：決裁者の意思決定時間

- 「会議のスケジュールが合わない」「意思決定に追加の資料が求められる」など意思決定にも「時間」がかかる。

➡決裁者の意思決定には時間がかかることを想定してスケジュールを策定しよう。

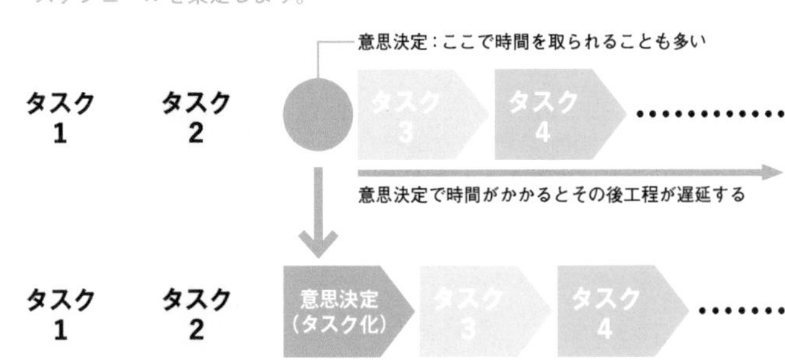

32 適切な「バッファ」の設定

皆さんは「パーキンソンの法則」や「学生症候群」という言葉や理論をご存じでしょうか。簡単にいうと、人は時間や資源の余裕があると、その余裕を残さず使ってしまう、というものです。

私は大学院の講師をしていますが、学生に、1時間で終わるレポートを来週の同じ時刻の講義までに提出するように宿題を出したとします。このときの時間余裕（バッファ）は6日と23時間です。でも、多くの学生は、時間余裕を先に使ってしまい、宿題は次の講義の前日か前々日にやります。

プロジェクトでも同じで、タスクの完了を確実にするために時間余裕をつくっても、多くの場合、先に使ってしまいます。ですから、各タスクでは時間余裕を設けず、マイルストーン前やプロジェクト期間終了前に、「まとめて」バッファを設けておくことをおすすめします。時間という貯金を、プロジェクト・マネジャーがプロジェクト全体で「まとめて」管理するイメージです。

過剰な「バッファ」に注意

タスク1 バッファ タスク2 バッファ タスク3 バッファ タスク4 バッファ ……

- スケジュールにおける「バッファ」とは、「時間余裕（予備）」のこと。
- タスクごとにバッファを設け、スケジュールに余裕をもたせたとしても、「パーキンソンの法則」や「学生症候群」にもあるように、メンバーが時間余裕を使い切ってしまうことが多い。

➡バッファを適切に配置しないと無駄になってしまう。

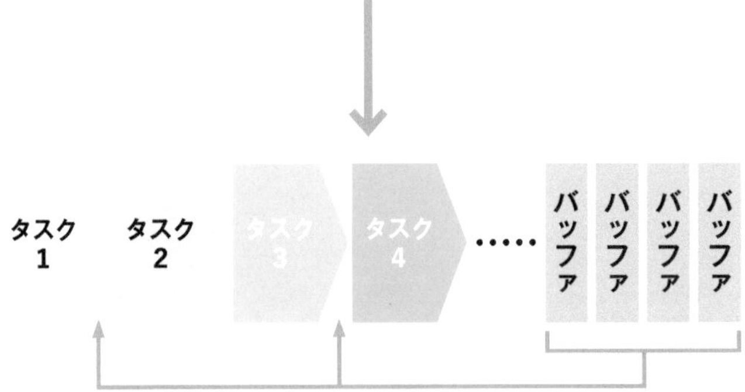

- プロジェクト期間終了前、またはマイルストーン前に、「まとめて」バッファを設け、それをプロジェクト・マネジャーが管理する。
- 本当にバッファが必要なときに、貯金を切り崩すようにして振り分けて使う。

PMの極意

時間を有効に使い、
かつ時間余裕を適切に使用する。

33

「役割分担表」には名前を明記

ガントチャートの各タスクには、「誰が担当するのか」を明記しましょう。これが「役割分担表」になります。

役割担当表には、いろいろな記載手法がありますが、最低限「主担当」を明示するようにしてください。「主担当」は極力1名にし、担当者名を名前で記載しましょう。タスク実行時の責任の所在が明確になります。

よく見かけるNG例は、担当が「営業部」などの組織名になっている場合です。組織名になっていると、「これって誰がやるの？」「山田さんがやると思っていた」といった無駄な時間が発生し、タスクが遅延するリスクが増大します。そうならないためにも、必ずタスク責任者を名前で明記しましょう。

また、担当者が複数名になっているのもNGです。やはり「山田さんがやると思っていた」になりかねませんので、担当者は極力1名にし、複数でやる場合は「副担当」などに設定しましょう。

■適切な「役割分担表」をつくるうえでのポイント

役割分担表の記載NGポイント

①組織名しか書かれていない

活動タスクNo.	活動タスク名	役割分担表				
		PM山根	メンバー営業部	メンバー技術部	メンバー広報部	……
11001	タスクAAA			●		

②複数のメンバーに「印」がある

活動タスクNo.	活動タスク名	役割分担表				
		PM山根	メンバー営業部富田	メンバー技術部小杉	メンバー広報部稲毛	……
11001	タスクAAA		●	●	●	

いずれも誰がタスクの実行責任者かわからない！

PMの極意

タスクの「実行責任者」を明確にすることが大切。

活動タスクNo.	活動タスク名	役割分担表				
		PM山根	メンバー営業部富田	メンバー技術部小杉	メンバー広報部稲毛	……
11001	タスクAAA			●		

①印を1名だけにして実行責任者を明確にする

or

11001	タスクAAA		副	主	副	

②実行責任者1名を明確にし、副担当も設定する

or

11001	タスクAAA	A	S	R	S	

③実行責任者1名を明確にし、各タスクにおける役割も表示する

例）A＝Accountable（説明責任者）
R＝Responsible（タスク実行責任者）
S＝Support（タスク実行支援者）

34 予算オーバーを防ぐ「コスト計画」

小さなプロジェクトでは、詳細なコスト管理を求められないこともありますが、プロジェクト憲章で明確に予算が設定され、コスト内でのプロジェクト完遂を求められている場合には、しっかりと「コスト計画」を立てましょう。

コスト計画を立てないと、コストオーバーでプロジェクトが停止してしまうことがあります。一番簡易的なコスト計画は、コスト管理表を作成し、「いつ」「いくら」コストがかかるかを計画することです。このコスト管理表は、プロジェクト実行中に予算消化の進捗を確認するツールとしても使われます。

コスト計画を立てる前に必ず確認すべきことは、「どこまでの範囲」をコストに含めるか、ということです。社内のプロジェクトでは、社員の人件費や一般管理費、オフィスの地代家賃はコストに含まれないことがあります。プロジェクト憲章の予算は経費上、どこまでの範囲なのかをあらためて確認してからコスト計画を立てましょう。

■コストオーバーを防止するには……

PMの極意

「いつ」「いくら」のコストがかかるか どこまでをコストに含めるかをしっかり考える。そのうえで、「コスト管理表」で可視化することが大切。

35 WBSやガントチャートから見積る

コストは、WBSやガントチャートと関係しています。WBSでいえば、次のようになります。

「それぞれの活動タスクのコストの合計」＝「要素成果物のコスト」

「それぞれの要素成果物のコストの合計」＝「成果物のコスト」

「それぞれの成果物のコストの合計」＝「プロジェクト全体のコスト」

各活動のコストは、ガントチャー

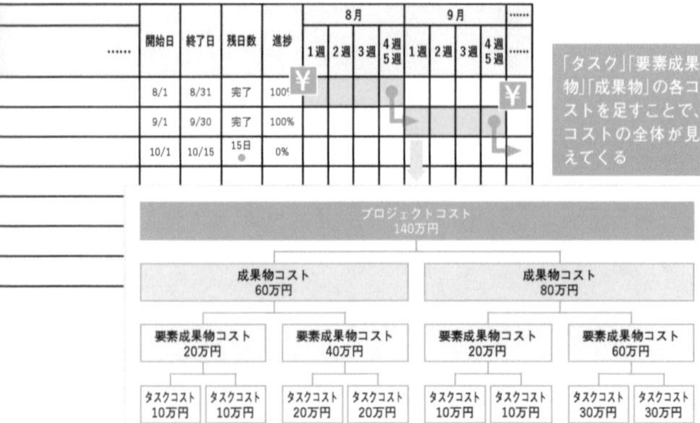

トで各タスクの期間なども考慮して見積ります。

Aというタスクが「0・5人月で2か月続き、1人月の単価が100万円」の場合、そのタスクの人件費は、「100万円×2か月×0・5人月＝100万円」になります。また、そのタスクで利用する消耗品費や原材料費など、必要な経費がある場合は追加していきます。

さらに、成果物や要素成果物などをサプライヤーに外注する場合には、見積書を入手し、コストに加えていきます。

■「コスト管理表」と「WBS」「ガントチャート」のリンク

新商品○▲開発プロジェクト 20XX年10月1日現在

成果物No.	成果物名	要素成果物No.	要素成果物名	活動タスクNo.	活動タスク名	役割分担表 PM山根	メンバー営業部富田	メンバー技術部小杉	メンバー広報部稲毛	……
10000	成果物A	11000	要素成果物AA	11001	タスクAAA			●		
				11002	タスクAAB			●		
				11003	タスクAAC			●		
				……	……					
		12000	要素成果物AB	12001	タスクABA		●			
				12002	タスクABB		●			
				……	……					

PMの極意 **プロジェクトコストの3つの考え方**

①要素成果物内の各活動タスクのコストの合計＝要素成果物のコスト
②成果物内の各要素成果物のコストの合計＝成果物のコスト
③プロジェクト内の成果物のコストの合計＝プロジェクトのコスト

36 「コスト管理表」をつくる

算出したコストは、「いつ」「何に」「いくら」かかるのかをわかりやすく見るために「コスト管理表」にまとめましょう。この管理表は今後、プロジェクト実行中の進捗管理でも使います。

縦軸には「成果物」「要素成果物」「活動タスク」などを設定しましょう。細かくコストを管理したい場合は、活動タスクまで細分化し、大枠で管理したい場合には要素成果物まで細分化して管理します。

最終更新者:カドカワ太郎
作成日:20XX年4月1日
Version 1.2　単位:日本円

	コスト			活動タスクコスト合計	要素成果物コスト合計	成果物コスト合計	プロジェクトコスト合計
	8月	9月	……				
	¥800,000			¥800,000	¥24,600,000	¥54,354,000	¥193,358,000
	¥1,000,000			¥1,000,000			
	……			……			
		¥800,000		¥800,000	……		
		¥2,000,000		¥2,000,000			
	……	……		……			
				……			
	¥16,800,000	¥8,400,000	……				

各活動タスクのコストを記載

各活動タスクの合計

各要素成果物の合計

各成果物の合計＝プロジェクト全体のコスト

- WBSで定義した各要素成果物や活動タスクをイメージしながら、ヒト・モノ・ジョウホウ・ジカンに「いくら」かかるのかをイメージして見積もる。
- 外注する場合は、見積書を取る。

横軸にはガントチャート同様、月や週を設定します。これで、どの活動タスク、または要素成果物のコストが、いつ発生するかが表としてまとまります。

経営の5大リソース「ヒト」「モノ」「カネ」「ジョウホウ」「ジカン」はすべて連携しています。これらが動けば、動いた月や週の前後で必ずカネがかかります。

見積もったコストがいつ発生するのかも社内やサプライヤーと確認しながら、コスト管理表を作成していきましょう。

「コスト管理表」の具体例

新商品○▲開発プロジェクト

成果物No.	成果物名	要素成果物No.	要素成果物名	活動タスクNo.	活動タスク名	費用項目	
10000	成果物A	11000	要素成果物AA	11001	タスクAAA	人件費	
				11002	タスクAAB	原材料費	
				……	……	……	
		12000	要素成果物AB	12001	タスクABA	人件費	
				12002	タスクABB	外注費	
				……	……	……	
20000	成果物B	……	……			人件費	
						月別合計	

月ごとのコストも算出

PMの極意

- 「どこまで詳細にコスト管理するか」は、要素成果物・活動タスク・費用項目をどこまで詳細にするかで決める。
- 過去に企業内・組織内で同様の作業をしている場合は、過去のコスト実績を参考にすることも大切。

37

予算オーバーへの2つの対処法

スケジュールと同じように、計画時にコストがプロジェクト憲章の予算よりもオーバーしてしまうことがあります。当初は予算内でできると思っていたコトが、実際にはもっとコストがかかることが発覚した場合などです。頭を悩ませますが、計画のタイミングで予算オーバーが発覚してよかったと、ポジティブに考えましょう。

予算オーバーした場合、2つの方法で予算とコストの調整をします。

1つは、プロジェクト憲章、WBS、ガントチャートをあらためて見直し、成果物の機能を簡易的なものに調整したり、特定の活動タスクをやめたりしてコストを調整する「ECRS」という方法です。もう1つの方法は、成果物の機能や活動タスクは調整せずに予算を変更します。いずれの方法でも、プロジェクト憲章を承認した決裁者とあらためて会議を行い、プロジェクト憲章、WBS、ガントチャート、コスト管理表を、バランスを取って修正しましょう。

■「ECRS」と「プロジェクト憲章の変更」

コスト計画時にプロジェクト憲章の予算をオーバーしてしまったら……

基本対応①:「ECRS」で効率化する

- 「ECRS」とは「Eliminate(排除)」「Combine(結合)」「Rearrange(入替・代替)」「Simplify(簡素化)」のこと。
- コスト内におさめるように成果物の機能や作業を「排除」「結合」「入替・代替」「簡素化」する。

新商品〇▲開発プロジェクト　　20XX年10月1日現在

成果物No.	成果物名	要素成果物No.	要素成果物名	活動タスクNo.	活動タスク名
10000	成果物A	11000	要素成果物AA	11001	タスクAAA
				11002	タスクAAB
				11003	タスクAAC
				……	……
		12000	要素成果物AB	12001	タスクABA
				12002	タスクABB
				……	……
		……	……	……	……
20000	成果物B	21000	要素成果物BA	21001	タスクBAA
				21002	タスクBAB
				……	……
		22000	要素成果物BB	22001	タスクBBA
				22002	タスクBBB
				……	……
		……	……	……	……
……	……	……	……	……	……

このタスクは「結合」しよう

このタスクは「簡素化」しよう

このタスクで生み出す新機能はやめて、既存機能のカスタマイズで「代替」しよう

この要素成果物の機能は今回は「やめよう」

基本対応②:プロジェクト憲章の予算を変更する

- 決裁者との会議を設定し、予算を変更することの承認を得て、プロジェクト憲章自体の予算を変更する。

PMの極意

「基本対応①」または「②」、あるいは「①+②のハイブリッド」によって、現実的なコストに調整。

38

リスクには2つの種類がある

プロジェクト実行中に計画どおりにいかないときや、目標達成の確度を高めたい場合には、「リスク対応計画」を立てます。その際に最低限実施すべきことは、「リスク管理表」を策定し、計画的にリスクに対応する準備をすることです。

皆さんは「リスク」と聞くと、「悪いことが起こる」ネガティブ・リスクを想像されるかもしれませんが、実はリスクには「良いことが起こる」ポジティブ・リスクも含まれます。リスクは日本語で「不確実性」といい、策定している計画や目標といった「設定基準」から外れてしまうことを意味します。不確実性が発生すると、スケジュールやコスト、作業範囲が大幅に変更になってしまい、想定した目標達成に影響を与えます。

実際のプロジェクト現場では、よほど大きなプロジェクトでない限り、リスク対応計画はおもにネガティブ・リスクを対象として計画されます。本書でもネガティブ・リスクを中心にお伝えします。

■「ネガティブ・リスク」と「ポジティブ・リスク」

リスクとは……不確実性

➡リスクには①ネガティブ・リスクと
②ポジティブ・リスクがある。

リスク(不確実性)

①ネガティブ・リスク(脅威のリスク)	②ポジティブ・リスク(好機のリスク)
設定基準(計画)から「悪いほう」に外れる	設定基準(計画)から「良いほう」に外れる

未来のネガティブ・リスク

- 為替変動によるコスト増
- 人材の離職 採用難
- 外注先・顧客とのトラブル
- 事件・事故
- 災害
- 法令の変更
- …etc.

PMの極意

リスクは「目標達成」に影響を与える。

39

リスク管理は「洗い出し」からはじめる

リスク管理表を策定する前に、まずはリスクの「洗い出し」をしましょう。プロジェクトのリスクは、「プロジェクトの目標達成に影響を与えるモノやコト」と考えてください。また、単に「コストオーバー」「スケジュールが遅延」ではなく、「原油価格の高騰により原材料コストが計画よりオーバーする」「チームメンバー同士のコンフリクト（衝突）により生産性が低下し、スケジュールが遅延する」といったように、具体的なリスク事項を洗い出しましょう。

洗い出したリスクは左図のようなマトリックスに配置します。マトリックスの縦軸はリスクの「発生頻度」で、発生する可能性の高低と考えてよいです。横軸はリスクの「影響度」で、そのリスクが発生したら、どれだけ目標達成に影響を与えるかの高低で考えてください。

洗い出したリスクは、マトリックスのどこに配置されるかを検討し、各リスクをプロットしましょう。これを一般的に「リスクの定性分析」といいます。

■「リスクの洗い出し」と「定性分析」

リスクを「洗い出す」

- 現在まで作成したWBSやガントチャートなどのあらゆる計画書を見て「具体的」なリスクを洗い出す。

チームメンバー同士のコンフリクトにより、生産性が低下してスケジュールが遅延する

原油価格の高騰により、原材料コストが計画からオーバーする

洗い出したリスクを「定性分析」する

- 洗い出したリスクが「3×3のマトリックス」のどこにあたるかを検討し、配置する。

➡これがリスク対応の優先順位づけの基となる。

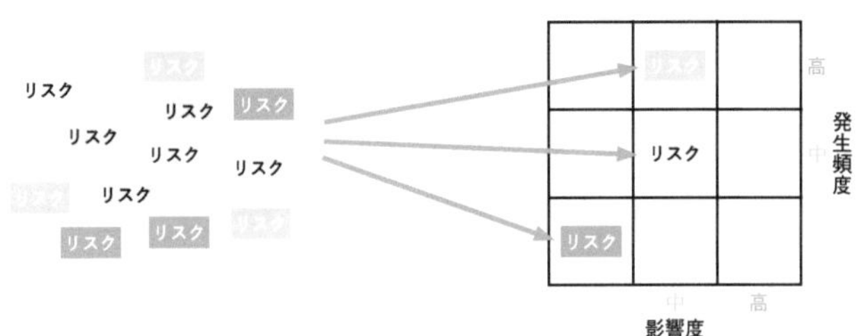

PMの極意

「発生頻度」は「発生する可能性」
「影響度」は「発生した際の目標達成への影響」
と考えて分類する。

40

対応するリスクの優先順位をつける

リスクを洗い出すと、意外に多くのリスクが特定されることに驚くことでしょう。洗い出したリスクのすべてに対応するにはコストも時間もかかりますし、リスク対応というのは突き詰めると「キリがない」のです。そこで「リスクの優先順位づけ」が重要になります。

方法としてはまず、左図のようにマトリックスに数値を割り当てます。ここでは仮に、各軸の「高」に3、「中」に2、「低」に1を設定しています。そして、各マトリックスの象限に、「縦軸の数値」×「横軸の数値」を置きます。この数値がいわば「リスクポイント」で、各象限に配置されたリスクの度合いが数値化されたことになります。これを一般的に「定量リスク分析」といいます。

リスク対応は、リスクポイントが高い順に実施するのが通例です。プロジェクトの予算やリスク対応工数によって、「リスクポイント6以上の象限に配置されたリスクに対応する」など、どこまで対応するかを決めましょう。

■作成したマトリックスで「リスク対応範囲」を決定

「定量リスク分析」の3つのStep

Step 1：発生頻度と影響度に任意のポイントをつける。

Step 2：発生頻度と影響度が交わる象限に対して、それぞれのポイントを掛け合わせてリスクポイントを算出する。
(例)発生頻度3ポイント×影響度3ポイント
＝リスクポイント9

Step 3：決裁者とともにリスク対策のための「予算」や「工数」を決めてどこまでリスク対策するかのリスク対応範囲の基準を決める。

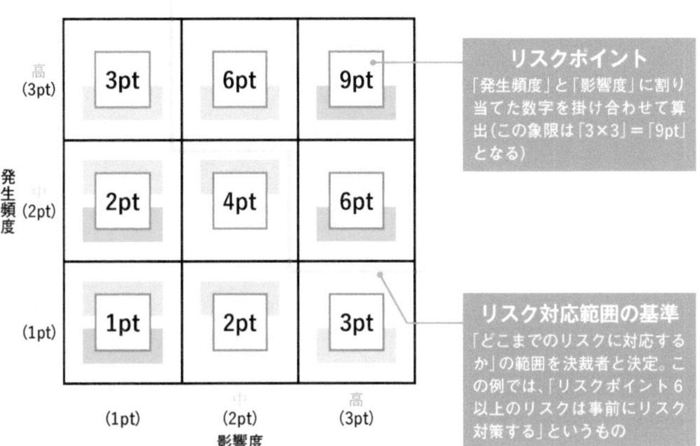

リスクポイント
「発生頻度」と「影響度」に割り当てた数字を掛け合わせて算出(この象限は「3×3」＝「9pt」となる)

リスク対応範囲の基準
「どこまでのリスクに対応するか」の範囲を決裁者と決定。この例では、「リスクポイント6以上のリスクは事前にリスク対策する」というもの

PMの極意

リスク対応はリスクポイントが高い順に実施。決裁者と予算や対応範囲を決める。

41 「リスク管理表」のつくり方

下図は一番シンプルな「リスク管理表」です。最低限必要な項目は、リスクの洗い出しで特定した「リスク内容」、具体的な「リスク対策」、「コスト」、リスク対応の「開始日」と「終了日」、リスク対策をする「担当者名」です。

リスク対策を考える際には、94ページで述べたリスクの「発生頻度」と「影響度」の一方または両方を、どうやって「なくすか」「下げるか」を念頭に考えましょう。

リスク対策に「いくらかかるか」「いつから始めるか」を明記し、終了したら終了日も記載する

最終更新者：カドカワ太郎
作成日：20XX年6月1日
Version 1.2

	対応コスト	対応開始日	対応終了日	担当者
	¥50,000	20XX/10/15		購買部 佐竹一郎
	¥30,000	20XX/10/15		システム開発部 庭野知子
	……	……	……	……

PMの極意

何をすれば「リスクポイントを下げられるか（なくせるか）」に基づいてリスク対策を考える。
より「効率的」かつ「コストがかからない」リスク対策を考えることも大切。

実際のところ、リスクをゼロにはできません。たとえば「A商品を加工するB社製の機械の不具合が発生し、製造できなくなる」というリスクは「B社製の機械」を使うのをやめるしかありません。もしもB社製ではなくC社製の機械を代わりに使うことになっても、同じような不具合のリスクが新たに生まれます。

プロジェクト現場で一般的なリスク対策は、リスク対策をしてリスクポイントをいかに下げるか、になります。

「リスク管理表」の具体例

●×株式会社　新商品○▲開発プロジェクト

No.	リスク内容	リスク対策内容	
1	活動タスクNo.11032 「部品調達リスク」 外注先Aに発注する部品が、発注時に外注先の繁忙期にあたり、納期までに指定数量の納品が困難な可能性がある。そのためスケジュール遅延の発生リスクあり。	•外注先A社以外で、同スペックの部品の製造ができる外注先を2社選定。 •新たな外注候補に対して①機密保持契約書の締結、②見積書の依頼、③契約・発注プロセスの確認を行う。	
2	活動タスクNo.22012 「社内エンジニア不足リスク」 「タスクNo.22012」開始時に他プロジェクトの受注により、プロジェクト人的リソース不足の可能性がある。そのためスケジュール遅延発生、および外注した際のコストオーバーのリスクあり。	•社内エンジニアリソース確保のため、プロジェクト実行前にメンバーの指定と稼働スケジュールをライン・マネジャーに提出。 •他プロジェクトを受注した場合は、そこでのエンジニアリソースを外注する旨、プロジェクト・オーナーに相談し決裁を得る。	
……	……	……	

リスクの「内容」とそれに対する「対策」をより具体的に記載

42 リスク発生に迅速対応するための「コンティンジェンシー計画」

「対策をしなかったリスク（受容したリスク）」や「リスク対策をしても発生するリスク（残存リスク）」には、対策として「コンティンジェンシー計画」を用意しておきます。コンティンジェンシー計画とは、リスクが発生した際に、より迅速・的確に対応するための計画です。

一般的にプロジェクト現場で策定されるコンティンジェンシー計画は、リスク発生時の対応体制や手順、意思決定手段などを文書で明確にしておくものです。災害発生時マニュアルのようなものといえるでしょう。

また、ヒト・モノ・カネ・ジョウホウ・ジカンのリソースの予備を準備しておくことも含まれます。これを「コンティンジェンシー予備」といいます。生産性の低下のリスクには予備の人材、スケジュールの遅延リスクには時間余裕（バッファ）をプロジェクト全体の予備としてもっておく、などです。コンティンジェンシー計画も文書にし、リスク管理表と一緒に管理しましょう。

■コンティンジェンシー計画とは……

リスク対策においては……

- リスク対策をしても残存するリスクがあるものも多い。
  ➡リスクが発生する可能性は「ゼロ」ではない。
- リスク対策をしなかったリスクが発生する可能性もある。

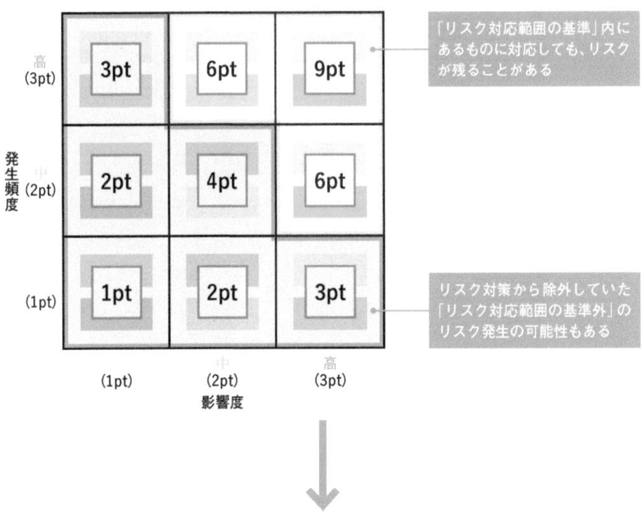

コンティンジェンシー計画を立てておこう

- リスク発生時の対応体制や手順、意思決定手段などを文書で明確にしておく
  =コンティンジェンシー計画
- ヒト・モノ・カネ・ジョウホウ・ジカンのリソースの予備を準備しておく
  =コンティンジェンシー予備

43

「まずは実践すること」が大事

ここまで、「ステークホルダー」「スケジュール」「コスト」「リスク」、作業範囲を明確にする「WBSの計画手法」を説明してきました。これらの計画書類をまとめたものを「プロジェクトマネジメント計画書」と呼びます。

プロジェクトマネジメントに慣れていない方は、おそらくこの計画策定と今後の計画実行だけで手いっぱいになると思いますから、まずはここまでの計画を確実にし、プロジェクトマネジメントを実践することをおすすめします。

そうして一度プロジェクトを経験し、「やりくりしにくい」と思うところに対して、次のプロジェクトから新たな計画を追加していくことが大切なのです。たとえば「成果物の品質が悪い」「プロジェクト内のコミュニケーションに問題がある」「目標や計画の変更に時間がかかりすぎる」などです。

104ページからは、プロジェクト現場で発生しやすい課題とその解決に必要な計画を追加して少しお伝えします。余力があれば追加で計画してください。

■「計画」を確実に進めるには……

「ガントチャート」や「WBS」などの作成書類をまとめたもの
➡プロジェクトマネジメント計画書

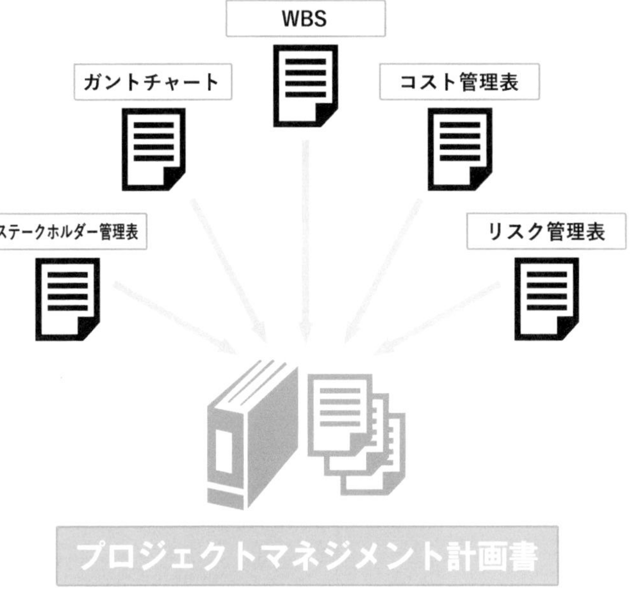

プロジェクトマネジメント計画書

「計画」するときの3つのヒント

①計画策定には「労力」と「時間」が必要(一朝一夕にはいかない)。

②プロジェクトマネジメントに慣れていない場合、または小規模なプロジェクトの場合、上記の「ヒト」「モノ」「カネ」「ジカン」「リスク」の管理要素が含まれている「最低限の計画書」から作成を開始する。

③プロジェクトを経験し、改善したい領域に対して計画書を追加していくことが大切。

44 生産性を高めるためのコミュニケーションのルール

プロジェクトでは「コミュニケーション」がとても大切です。コミュニケーションをしっかり取ることに加え、効率的なコミュニケーションをしないと活動タスクに割り当てる時間が少なくなり、プロジェクトの生産性が低下します。

生産性の高いコミュニケーションを実現するために、コミュニケーションのルールを決めておきましょう。これらのルールをまとめたものを「コミュニケーションマネジメント計画

最終更新者：カドカワ太郎
作成日：20XX年9月1日
Version 1.1

	媒体	発信者	受信者
	プロジェクト管理システム	プロジェクト・マネジャー	●プロジェクト・オーナー ●プロジェクト・メンバー ●XX工業株式会社 田中和樹様　山本嘉子様
			……

「どこで」「誰が」「誰に」行うかも具体的に記載

	場所	発信者	受信者
	社内会議室X-1	プロジェクト・マネジャー	●プロジェクト・オーナー ●プロジェクト・マネジャー ●プロジェクト・メンバー
			……

〈策定すべきコミュニケーション領域〉
- 日々のコミュニケーション類（社内・社外）
- 進捗報告類
- 定例レビュー会議類（社内・社外）
- チーム内会議類
- モチベーション維持・向上に関するもの …etc.

書」と呼びます。
　最低限策定すべきものは、「コミュニケーションの一覧」と、そのコミュニケーションを、「いつ」「どこで」「誰が」「どの形態で」「何の目的で」行うのかを明示した計画書です。
　下図は、シンプルな計画書の例になります。会議体、電話、メール、チャット、WEB会議など、現代はあらゆるコミュニケーション媒体がありますので、それぞれのコミュニケーションの目的を、効率的に達成できる媒体を選ぶことがキーポイントになります。

「コミュニケーションマネジメント計画書」の具体例

プロジェクトマネジメント関連書類共有

No.	資料名	目的	頻度	
1	プロジェクト進捗報告書	進捗報告 リスク・課題の共有 変更点の共有	週次 毎週月曜日 （祝日の場合は翌営業日）	
…	……			

「何のために」「いつ・どの程度」行うかを明記

社内プロジェクト会議

No.	会議名	目的	頻度	
1	プロジェクト・ オーナーレビュー会議	進捗報告 チーム課題・改善策の共有 リスクの共有 変更点の決裁	月次 毎月第１水曜日 （祝日の場合は翌営業日）	
…	……	……	……	

PMの極意　プロジェクトの進行上、コミュニケーションに課題（円滑でないなど）があれば「コミュニケーションマネジメント計画書」を策定。

45 進捗管理のルールを明確にする

プロジェクト実行後に発生する問題の1つに、「メンバーが進捗を報告してくれない」というものがあります。チームメンバーも進捗報告が習慣化するまで多少時間がかかる場合があるのです。

ですから、コミュニケーションマネジメント計画書の中には、必ず進捗報告のルールを定めておきましょう。たとえば、「毎週金曜日10時までにガントチャートの進捗率をアップデートし、プロジェクト・マネジャーにメールでアップデート完了報告をする」などです。

次に、進捗率に関するルールを決めておきましょう。一番簡単なのが「50%－50%ルール」というものです。「未着手のタスク＝0%」「着手中＝50%」「完了＝100%」と入力するというルールです。

このようにルールを設けておくと、個人の感覚で進捗率を入れることもなくなります。進捗率については、118ページで詳しく説明します。

進捗をしっかりと確認するためのポイントとは……

プロジェクト開始時には
メンバーからの進捗報告が忘れられがち。
➡報告がされないと、自分も報告ができない。

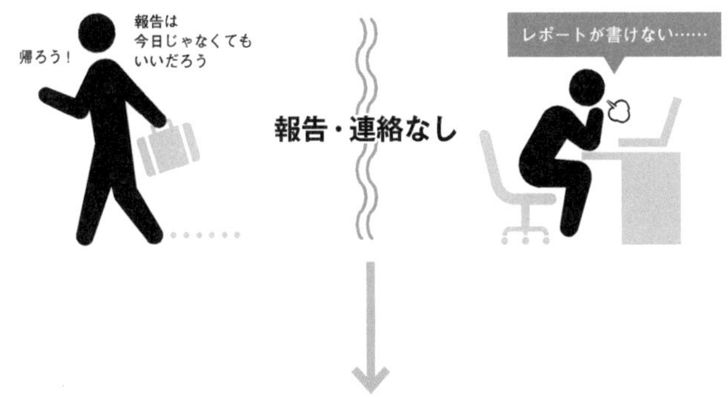

PMの極意

- 「コミュニケーションマネジメント計画書」で「いつまでに」「何を」「どのような内容で」「どの方法で」進捗報告する「ルール」を明示。
- チームメンバーが着任する際に周知徹底。

➡報告漏れが発生する頻度を軽減させる。

プロジェクトマネジメント関連書類共有

No.	資料名	目的	頻度	媒体	発信者	受信者
1	タスク 進捗率報告書	進捗報告	週次 毎週金曜日９～10時 （祝日の場合は翌営業日）	プロジェクト 管理システム ガントチャート	稼働中の プロジェクト・ メンバー	プロジェクト・ マネジャー
…	……	……	……	……	……	……

ルールを
きちんと決めて
周知すれば
漏れが防げる

46
「変更要求」への対応を決める

プロジェクトを実行していくと計画と現実の差が見えてきて、計画どおりに進まず、目標や計画を一部修正しなければならないことがあります。これを「変更要求」といいます。たとえば、実行中にトラブルが発生してスケジュールが遅延する、納入できるはずの原材料が在庫切れになっている、といったもので、これらの変更を承認する話し合いの場を「変更会議」といいます。

これらの変更について、どこまでの変更権限をプロジェクト・マネジャーに割り当てるのか、どのレベルの変更から変更会議を実施し、そこでの承認を受けて変更すべきなのか、変更会議にはどの役割の人が出席するのか、承認の意思決定は誰がどのように行い、そのルールはどうするのか、などを決めます。これらは、一般的にはプロジェクト憲章（47ページ）の中に盛り込みます。

具体的な変更会議の場所、招集から実施までのリードタイム、参加者などの詳細情報は、コミュニケーションマネジメント計画書に追加します。

■「変更要求」に対する「ルール」を決めておく

プロジェクト・マネジャーの権限では対応できない変更が発生！

変更要求

PMの極意

変更を「迅速」かつ「効率的」にコントロールできるように「計画」に入れておくことが重要。

「プロジェクト憲章」内での記載例

変更コントロール	○以下の事象の発生時には、変更会議を実施して変更の意思決定を行う。なお、これ以外の変更についてはプロジェクト・マネジャーの権限にて意思決定を行うものとする。 ・計画より２週間以上のスケジュール遅延が発生する事象 ・計画より10%以上のコスト増加が発生する事象 ・成果物の仕様変更　…etc. ○変更会議の招集はプロジェクト・マネジャーが実施する。 ○変更会議の場所、招集方法、出席者はコミュニケーションマネジメント計画書にて明確にするものとする。 ○変更の承認・否認はプロジェクト・オーナーが行うものとする。 ○承認された変更内容は、プロジェクト・マネジャーが２営業日以内に関連資料・データに反映し、関係者に配布または送信するものとする。　…etc.

※「コミュニケーションマネジメント計画書」内に記載するのでもOK

No.	会議名	目的	頻度	場所	発信者	受信者
1	変更会議	変更要求に対する意思決定	発生時（３営業日以内）	実施時にプロジェクト・マネジャーが決定	プロジェクト・マネジャー	●プロジェクト・オーナー ●プロジェクト・マネジャー ●変更要求の関連メンバー
…	……	……	……	……	……	……

適切な知識と技術を「仕立てる」

◆緻密でも成功するとは限らない

計画を緻密に行えばプロジェクトの成功率が高まるかというと、そうでもありません。複数の計画手法を用いていろいろな計画をしたとしても、プロジェクト実行時にまったく使われなければ意味をなしません。また、各種の計画書は、プロジェクト実行時に活用しますが、多くなればなるほど、かえってプロジェクト実行時の管理工数がかかり、管理コストもかかってしまうのです。

◆最小の管理で最大の効果を得る

重要なのは、プロジェクトのサイズやプロジェクト・マネジャーの管理能力に応じて、「プロジェクトの成功のために本当に必要な計画エリアは何か」を定義し、「最小の管理工数で最大の効果をもたらす計画書を策定する」ことです。これを「テーラリング」といいます。まさに、「プロジェクト」という体に合った、「マネジメント」というスーツを「仕立てる」イメージです。

ISO 21500やPMBOK®などの有名なプロジェクトマネジメント知識体系がありますが、テーラリングとは、その中から対象となるプロジェクトにどの知識と技術を適用させるかを考えて選択することです。本書の内容を、実際のプロジェクトにあてはめて考えてみましょう。

第4章

プロジェクト計画を実行しよう

㊼～62

「キックオフ」／進捗管理／
「マニューバリング」／「是正措置」／
「予防措置」／変更要求の管理／「チームの育成」／
「ホット」と「コールド」のコンフリクト／
「進捗レポート」の3大ポイント／
「プロジェクト終了書」／未来への「教訓」／
「プロジェクト終了会」
etc.

47 最初に必ず行う「キックオフ」

プロジェクトの計画書類が決裁者に承認されると、いよいよプロジェクトの実行にうつります。プロジェクトを実行する最初には、必ず「キックオフ」を行いましょう。

キックオフはサッカーの試合開始などに用いられる言葉ですが、プロジェクトでは「プロジェクトの実行フェーズを開始する会議」をさします。会議時間はプロジェクトの規模やメンバー数によりさまざまですが、一般的には数時間～1日で、プロジェクト・マネジャーは進行やかじ取りなどを行いましょう。

キックオフの進行内容は、左図のようなものが一般的です。プロジェクトの概要（6W2H）を共有し、メンバーが互いを知るなど、メンバーの不安を取り除き、プロジェクトに対するモチベーションを高める目的で実施します。このキックオフの良しあしでプロジェクトの実行開始時点でのチームの生産性が大きく変わることもありますから、とても大切な会議です。

■プロジェクトで大事な「キックオフ会議」とは……

キックオフ会議＝**プロジェクトの実行フェーズを「開始する」ための会議**

一般的なキックオフ会議のアジェンダ（議題）

- プロジェクト・マネジャーの自己紹介
- プロジェクトの概要（6W2Hの概要）
- メンバーの自己紹介
- 重要なチームルールの共有（報告や会議、日々のコミュニケーションなど）
- 質疑応答

プロジェクト・マネジャーは、進行やかじ取りを行う！

PMの極意

キックオフの良しあしでプロジェクトの実行開始時点でのチームの生産性が大きく変わることもある。
参加者がモチベーションを高めてプロジェクトにポジティブに取り組めるように、キックオフ会議をリードしよう。

48 キックオフで大切な2つのこと

キックオフで気をつけたいポイントの1つに「細かい話をしない」があります。たとえば、プロジェクト開始時にいきなり「伊藤さんは〇〇タスクを担当していただきます。このタスクはプロジェクト全体に影響を与える重要なもので、期日厳守でお願いします」と細かいことをいわれたらどうでしょうか。いきなりやる気が失せることでしょう。ですから細かい話はキックオフ後の個別会議で行うこととし、キックオフでは、プロジェクトの社会的意義や会社としての意義などを伝え、モチベーションを高めるようにしましょう。

もう1つは「メンバー同士の交流の促進」です。プロジェクトの実行フェーズ開始時に、お互いをより知っていると生産性が高まり、プロジェクトのリスクやコストも低減します。自己紹介だけでは相手のことは理解できませんから、これから一緒に活動するメンバーの個性や性格をお互いに理解するために、簡単なゲームやグループワーク、パーティーなどを行うとより効果的です。

■キックオフ会議はメンバーの「交流時間」

キックオフ会議で大切な２つのこととは……

①細かい話はせずモチベーションをUP

- キックオフでは、プロジェクトの社会的意義や会社としての意義などを伝えて「細かい話はしない」。
  ➡「モチベーションを高める」ことを意識。
- 細かい話はキックオフ後の個別会議で行う。

伊藤さんは
No.11001のタスクを
９月30日までに
終了させて…

いきなり細かい話をされたら
やる気が失せる…

このプロジェクトは
社会的に大きな価値を
生み出し、私たちも
さらに成長できる……

チャレンジしてみたい！

②メンバー同士の交流を促進させる

- プロジェクト実行フェーズ開始時にお互いをより理解していると開始時の生産性が高まる。
  ➡メンバー同士が「理解し合える時間」とすることを意識。

49 進捗管理は「週1回」が基本

キックオフやその後の個別会議などでプロジェクトの概要や詳細を共有したら、いよいよプロジェクトの実行です。プロジェクト・マネジャーは実行開始後から「進捗管理」をしましょう。

進捗管理とは、計画とチームメンバーによる各種の実績を確認することです。計画どおりにいっていない場合は、各タスクのスケジュール、予算の消化（コスト発生状況）、リスク対策、スコープの範囲、品質などの「計画」と「実績」のギャップを確認します。そしてギャップがある場合には、ギャップの程度や発生した理由などを把握しましょう。

進捗確認は会議や電話、メールなど、コミュニケーションマネジメント計画書に定めた手法で行います。1週間に1回は進捗確認をすることが大切で、1週間の中でチームメンバーの稼働が比較的落ち着いている曜日や時間帯を狙って効率的に確認していきましょう。

進捗管理で大切なこととは……

「１週間に１回」はチームメンバーの進捗を確認

もしも計画通りにいっていなかったとしたら……

PMの極意

計画と実績の「ギャップ」を把握しよう。
➡ギャップがある場合には、
ギャップの程度や発生した理由などを把握。

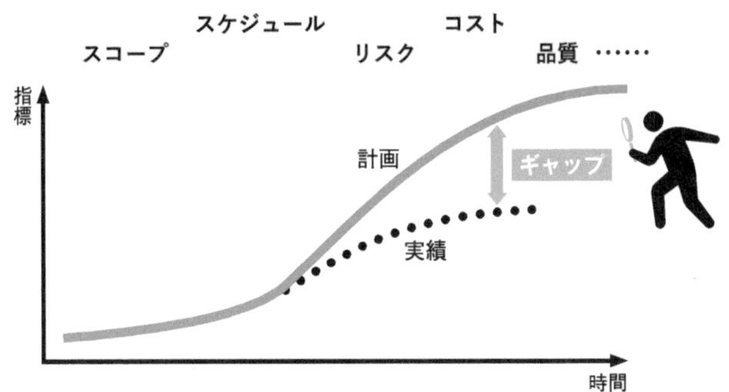

50 スケジュールの進捗管理のルール

各種進捗確認の中でも、皆さんが必ず確認するものといえば「スケジュール」の進捗でしょう。106ページで「50%―50%ルール」を紹介しました。でもこれは「各タスクの進捗率」に関するルールです。では、「プロジェクト全体の進捗率」に関するルールには、どのようなものがあるのでしょうか。

一番簡単なルールは「各タスクの進捗率の平均値をプロジェクト全体の進捗率とする」です。たとえば全プロジェクトのタスクが10あり、そのうちの5つの進捗率が100%、3つが50%、2つが0%だったとします。この場合、全タスクの平均進捗率＝65%をプロジェクト全体の進捗率と考えます。そして翌週にメンバーが頑張り100%が6つ、50%が3つ、0%が1つになったとするとプロジェクト全体の進捗率が75%で、10%進捗したと見ることができます。

このように、進捗管理のルールを決めてスケジュールの進捗を確認し、各ステークホルダーにも明確な基準をもって報告できるようにしておきましょう。

■プロジェクト全体の「進捗率」の確認方法

「50%－50%ルール」を使用

- 各タスクの進捗を「未着手のタスク＝０％」「着手中＝50%」「完了＝100%」として入力。
- 割り当てた各タスクの「進捗率の平均値」＝「プロジェクト全体の進捗率」として進捗を管理する。

活動タスク	進捗率
活動タスク１	100%
活動タスク２	100%
活動タスク３	100%
活動タスク４	100%
活動タスク５	100%
活動タスク６	50%
活動タスク７	50%
活動タスク８	50%
活動タスク９	0%
活動タスク10	0%

全体の進捗率65%

（進捗率の合計650%）
÷
（10活動タスク）
＝65%

次の進捗確認までに２つの活動タスクが進んだとすると……

活動タスク	進捗率
活動タスク１	100%
活動タスク２	100%
活動タスク３	100%
活動タスク４	100%
活動タスク５	100%
活動タスク６	100%
活動タスク７	50%
活動タスク８	50%
活動タスク９	50%
活動タスク10	0%

＋10%の進捗！

全体の進捗率75%

（進捗率の合計750%）
÷
（10活動タスク）
＝75%

PMの極意

進捗管理のルールを決めて進捗を確認することで各ステークホルダーにも明確な基準で報告できる。

51 投資を無駄にしないための「マニューバリング」

皆さんは「マニューバリング」という言葉をご存じでしょうか。おもに、航空関連で「操縦」や「航空機の機動、動き方のこと」として用いられます。操縦士は計画どおりのフライトプランで操縦しようとしますが、どうしても自然の影響で「軌道修正」が必要になります。まさに「やりくり」です。

プロジェクトも未来の独自の目標に向かって活動しています。未来は誰にもわかりませんから、しっかりと計画を立てたとしても、実行してみると計画と現実のギャップが発生し、計画どおりに進むように軌道修正が必要になります。具体的には、目標や計画の調整や修正などです。

大切なのは、まずは計画どおりに進むように、「やりくり」をして課題を解決することです。しかし、それでも合理的な理由により計画どおりに進まない場合には、決裁者との合意形成を経て、プロジェクトの投資が無駄にならないように目標や計画を適切に変更する視点も大切であることを覚えておきましょう。

「マニューバリング」という考え方

飛行機は計画通りにフライトできるように「やりくり」をしている＝マニューバリング

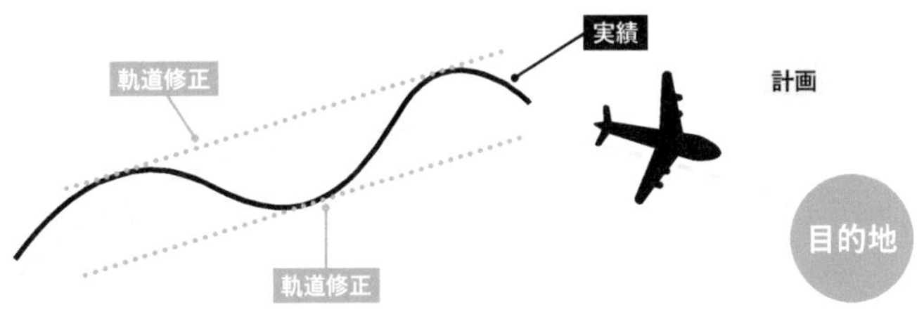

プロジェクトでも計画どおりに進むように「やりくり」が必要

PMの極意

「やりくり」をしても軌道修正できない場合、合理的な理由があれば決裁者と協議のうえ、計画や目標を修正することも大切。

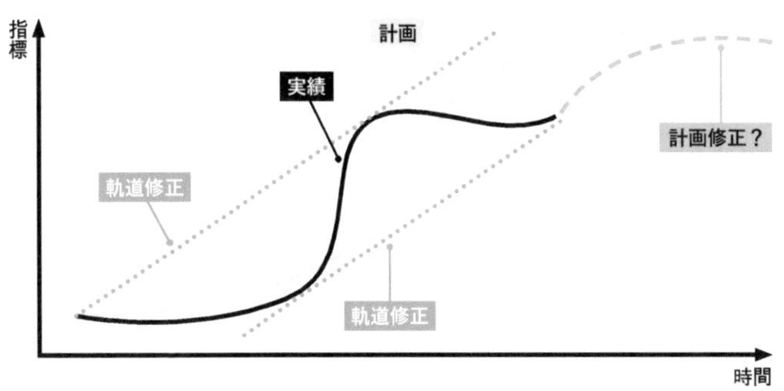

52 進捗に異変を感じたらすぐに「是正措置」する

進捗管理をしていて「あれ？　これはおかしいぞ」と思ったら、計画どおりに進むように即時に対応しましょう。これを「是正措置」といいます。

たとえば、スケジュール遅延であれば遅延の原因や課題を取り除いたり、人的リソースが不足しているのであれば他チームからメンバーを割り当てるなど、現状のベストな方法で対応します。

また、すでに確定しているスコープに対して、お客様や社内の人が新たなタスクや要件をプロジェクトに追加しようとする場合は、即時話を聞き、目標達成のために本当にそれらが必要なのかを確認するようにしましょう。

計画どおりに進めるには、軌道修正が容易な、計画と現実のギャップが少ないうちに対応することです。そしてこのギャップを把握するためにも、進捗管理や、メンバー、ステークホルダーとのコミュニケーションが重要になります。

「是正措置」のために大切なこととは……

異変は発見したら早期に対処することが大切。
➡着手が遅れれば遅れるほど
計画どおりに戻すことが難しくなる。

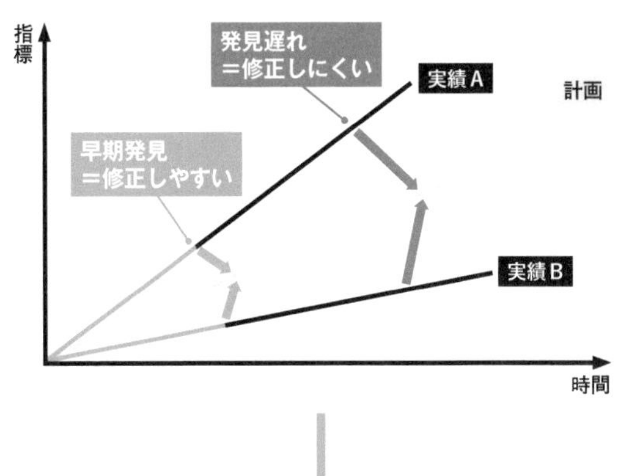

早期発見のためには「情報収集」が必要で
そのためには「コミュニケーション」が大切。
また、「進捗管理」とそのための「情報分析」も重要。

53

是正措置を「予防措置」につなげる

「予防措置」とは、計画どおりに進めるにあたり、「想定できる問題や障害を事前に取り除く」ことです。そういう意味では、92ページで説明した「リスク対応計画」も予防措置の一部ですが、ここでお伝えしたいのは、「是正措置した内容で予防措置もすることが大切」という点です。

たとえば、チームAの進捗率が芳しくなく、その原因が、会議が多く、かつアジェンダ（議題）を決めずに会議をしていたために1回の会議時間も長く、タスクの着手時間が減っていたことにあったとします。この是正措置として、会議前にきちんとアジェンダを作成し、1回の会議時間を1時間までとする、といったルール決めをしたとしましょう。この問題がほかのチームBやCでも発生すると予測される場合には、未然の防止策として、これらのルールをチームBやCにも展開するのです。計画どおりに進めるためには、こうした「是正措置を予防措置に活かす」活動がとても重要になります。

■同様の問題が発生しないように「予防」する

PMの極意

**特定のチームの問題が
ほかのチームでも発生する可能性があれば
迅速かつ積極的に情報を共有し、
同様の問題が発生しないように予防する。
➡「是正措置」を「予防措置」につなげる。**

54

変更要求を適切に管理する

予防措置や是正措置をしても、どうしても計画どおりに進まないことがあります。その場合、合理的な理由であれば「目標や計画を変更」します。

108ページで紹介しましたが、計画どおりにいかないために変更したいという要求を「変更要求」といいます。変更要求は、プロジェクト・マネジャーのほか、メンバーやステークホルダーから起案されることもあります。

変更要求は、成果物の設計や機能、能力に関する場合もありますし、プロジェクトの管理方法、お客様との契約、財務状況や株主の意向といった社内の経営状況からくるものなどさまざまです。そのため、起案された変更要求は、必ず「管理表」などにまとめておきましょう。

そして変更要求に対しては、事前に策定した変更要求に関するルールに準拠し、適切かつ迅速に対応していきましょう。

■どうしても変更が必要になったら……

「変更要求」から「変更会議」までの流れ

顧客

機能要件を
変更したい

サプライヤー

納期を
変更したい

経営者

予算を
削減したい

チーム

開発で利用する
技術を変更したい

変更要求

変更要求を
管理表にまとめる

プロジェクト・マネジャーは
まとめた内容を検討し……

①自分に決定権が「ある」ものは「承認・否認」する。

②自分に決定権が「ない」ものは「変更会議を招集」する。

PMの極意

変更会議で検討が必要なものについては
会議で内容を検討し、「変更会議ルール」に則って
適切に承認・否認を行う。

55

変更したらどうなるかを考える

プロジェクトの変更を管理するうえで重要なのは、要求どおりに変更したらプロジェクト全体にどのような影響があるのかを「俯瞰」してとらえる目です。

たとえば、お客様への顧客管理システム（CRMシステム）の開発中に、お客様のオペレーション責任者から計画外の機能を入れてほしいといわれたとします。こうした場合、たとえその機能を入れることが簡単だったとしても、プロジェクト全体にどのような影響があるかを考えなければなりません。成果物のセキュリティ要件が満たせるのか、データベース構造やユーザビリティ（使いやすさ）に影響はないのかといった点です。

さらには、スケジュールやコストへの影響など、プロジェクトの資源である、ヒト、モノ、カネ、ジョウホウ、ジカンにどのような影響があるのかも考える必要があります。変更会議の場では、これらの影響も決裁者に伝え、変更承認をもらうようにしましょう。

変更する前に考えるための「バランス視点」

お盆の上のボールを落とさない感覚

- 計画はあらゆる要素の「バランス」を考えて策定されている。
- 何かを「変更する」＝そのバランスが崩れる可能性がある。

➡そのため、「変更によってほかの要素に影響はないか」
「影響があるならほかの要素をどう変化させればよいか」
という視点をもつことが大事。
各辺が計画の要素になっているお盆の上に
絶妙なバランスでボールが乗っているイメージ。

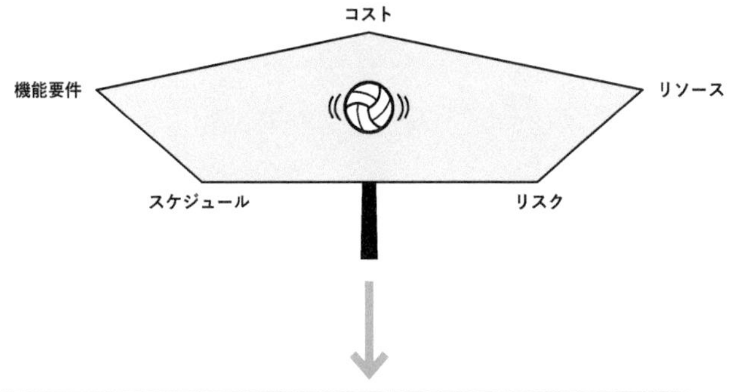

バランスを考えずに変更承認してしまうと……

顧客からの要求で「機能要件の高度化（変更）」を承認したとすると、機能要件のみが上がる。そのため、スケジュールやコストなどのほかの要素も変更しないと、お盆が傾いてバランス感覚を失い、ボールが落ちてしまう。

➡バランスが保てなくなったプロジェクトでは無理が生じ、
問題が発生する可能性が高まる。

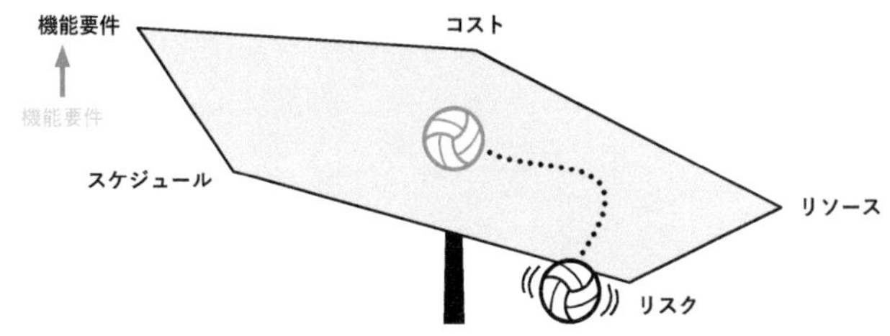

56 重要な活動「チームの育成」

プロジェクト実行中のプロジェクト・マネジャーの重要な活動の1つとして、「チームの育成」があります。ただし、プロジェクトのメンバーはタスクを実行できる専門家ですので、タスクを実行するための知識や技術を指導、育成するのではありません。通常のプロジェクトでは、あくまでも「チームとしての生産性を高める活動」になります。

特に大切なのは、「チームのモチベーションを高める」「チーム内の文化を醸成する」「チームのコミュニケーションを高度化して生産性を高める」ことです。プロジェクトでは他部署や他社からメンバーが集められることも少なくありません。初めて会った人たちのコミュニケーションは円滑ではなく、さらに、独自の仕事の仕方があり、そのままではチームとしての生産性が低くなります。

そのため、コミュニケーションを円滑にする働きかけやチームの文化の醸成がとても大切で、対話の機会を設けることが重要なのです。

■チームを育成するために大切な３つのこと

PMの極意

プロジェクトにはさまざまな「文化」「価値観」「仕事のやり方」をもつ人たちが集まる。メンバーをまとめ、チームを育成するためにも「対話の機会を設ける」ことが重要。

57 「ホット」と「コールド」のコンフリクトを解消する

プロジェクトの開始時は、メンバー同士でコンフリクト（衝突）が起こることがあります。違う専門分野で異なる価値観・仕事のやり方をもつ人が集まり、同じ目標に向かって活動すれば、どうしてもコンフリクトが起こりやすいのです。「あの人の仕事の仕方は気にくわない」「あの人はコストのことばっかりいっていて理解できない」などさまざまです。

コンフリクトには「ホット」と「コールド」があります。メンバー同士で口論になったり、ほかのメンバーに文句をいったりするのは「ホット」なコンフリクトです。逆に明らかに特定のメンバーと会話しなかったり、無視したり、お互いを避けるようなものは「コールド」なコンフリクトです。

プロジェクト・マネジャーは、このコンフリクトの仲裁役として間に入り、お互いの価値観や文化の違いを理解させ、コンフリクトを解消していく必要があります。相互理解が進めば、チームの生産性は一層高まります。

■コンフリクトを早めに把握して対処

「ホット」「コールド」の２つのコンフリクト

プロジェクトでは価値観や仕事のやり方が異なるメンバーが
１つの目標を目指すため、ときに「コンフリクト（衝突）」が発生する。

➡コンフリクトは放置しておくとトラブルとなり、
プロジェクトの目標達成に影響を与えることもある。

ホットなコンフリクト

口論や悪口など、
問題が顕在化している

コールドなコンフリクト

無視・無関心など、
問題が顕在化していない

PMの極意

コンフリクトには早い段階で手を打つ。
➡プロジェクト・マネジャーが間に入り、会議やランチ、会食などのお互いを知る機会をつくり、価値観や仕事のやり方への理解を促進しよう。

58

週1回「進捗レポート」を送る

プロジェクト実行中は「進捗レポート」をステークホルダーに展開し、プロジェクトの状況を共有しましょう。進捗レポートをいつ、誰に、どの媒体を使って送信するかは、104ページで説明したコミュニケーションマネジメント計画書などに事前に定めておくことをおすすめします。

一般的には、メールやプロジェクト管理システムで送信することが多いです。共有頻度は、1週間に1回、決まった日時に送信することをおすすめしています。1週間に数回送信すると、それはそれで結構な工数となり、そのほかのマネジメントに時間が使えません。一方で1か月に1回だと、その時点で進捗の遅れや課題に対してステークホルダーが対応しようとしても、取返しのつかない状況になっていることがあります。

ですから進捗レポートを見たステークホルダーが、それに対してリアクションした場合に手が打てる期間でレポートを共有するようにしましょう。

■進捗レポートの送信時に大切なこととは……

「コミュニケーションマネジメント計画書」などで事前に定められた内容にしたがって、プロジェクトの状況をステークホルダーに共有するために「進捗レポート」を配信。

プロジェクト・マネジャー

週1回
メールやプロジェクト
管理システムで送信

進捗レポート

ステークホルダー

PMの極意

- 「定期的」「安定的」に配信することが大切。
  ➡それができているかどうかでプロジェクト・マネジャーの信頼性がはかられることもある。
- 進捗レポート配信後に、プロジェクトの進捗や内容の詳細について確認や問合せを受けたらなるべく早く対応する。
  ➡確実な情報共有がプロジェクトの成功に結びつく。

確認・問合せ

回答

プロジェクト・マネジャー

59 進捗レポートの3大ポイント

進捗レポートには、必ず「現在」「過去」「未来」の要素を入れましょう。

たとえば、プロジェクト全体の計画進捗率が50％時点のレポートで、進捗率の実績が45％とします。この45％という数値が「現在」のありのままの報告で、この現在の数値だけをレポートで見たステークホルダーは、どう思うでしょうか。「なぜ5％遅延しているのか」と思うことでしょう。そこで「過去」の情報として、「サプライヤーA社の納入遅延により、タスク1234番が遅延したため」と、その理由を記載します。

次にステークホルダーが思うのは「で、どうやって5％をリカバリーするのか」という「未来」のことです。そこで「タスク1235番の期間短縮を他チームからの増員で実施予定」と記載しておけば安心することでしょう。

このように、現状どうなのか、なぜそうなったのか、これからどうするのかを記載することが大切なのです。

■「過去」「現在」「未来」を盛り込む

①現在：プロジェクト状態の事実を明確に記載する

➡進捗率の実績：45%

②過去：なぜ現在の状態に至ったのかを明確に記載する

➡プロジェクトがうまくいっているとき
　＝うまくいっている要因（ベストプラクティス）を明確に記載
　プロジェクトがうまくいっていないとき
　＝その原因を明確に記載

③未来：現在の状態に対して未来に何をするのかを記載する

➡プロジェクトがうまくいっているとき
　＝どう継続させるかを明確に記載
　プロジェクトがうまくいっていないとき
　＝問題の解決方法を明確に記載

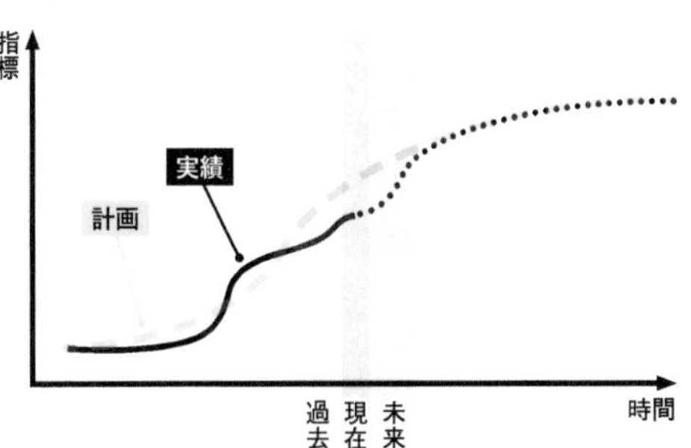

PMの極意

進捗レポートには以下の３つを記載することが大切。
①「現状どうなのか」（現在）
②「なぜそうなったのか」（過去）
③「これからどうするのか」（未来）

60

必ずつくる「プロジェクト終了書」

プロジェクトが成功しても失敗しても、プロジェクトを終了するときには必ず「プロジェクト終了書」を作成し、決裁者の承認を得て、正式にプロジェクトを終了させましょう。

左図が最も簡易的なプロジェクト終了書の項目です。プロジェクトが終了しても、残課題や残務処理がある場合が少なくありません。サプライヤーへの支払い、契約書などの法務的な手続き、売上や経費処理などです。

また、プロジェクトが成功し、その成果物をルーティンワークのライン・マネジャーに引き継ぐこともあります。その引継ぎも残課題といえるでしょう。

プロジェクト終了書は、チームメンバーとともに作成していきましょう。必要であれば、ステークホルダーも加えます。こうした終了の対応をしっかりしていないと、プロジェクトが終了しているにも関わらず、その後にトラブルが発生したときに、ズルズルとプロジェクトの活動が継続してしまいます。

■「プロジェクト終了書」の適切なまとめ方

PMの極意

**成功・失敗にかかわらず
プロジェクトが終了したらその証として
必ず「プロジェクト終了書」を作成する。**

プロジェクト終了書

項目	記載ポイント
名称	終結するプロジェクトの名前を記載。
概要	今後、類似したプロジェクトを実施する場合に、この終了書の情報が活用される可能性があるため、類似プロジェクトを未来に推進するプロジェクト・マネジャーが内容を認識しやすいように、改めて今回終結させるプロジェクトの概要を記載。
パフォーマンス実績	①目標が達成できたかどうかを記載。 ②WBSを確認して成果物の納品完了概要を記載。 プロジェクトが「成功した」場合 ＝どの成果物がいつ納品完了したかを記載 プロジェクトが「失敗した」場合 ＝どの成果物が納品完了・未完了なのかを記載 ③「スコープ」「スケジュール」「コスト」「リスク」の計画に対して、実現できたこと・できなかったことを簡潔に記載。
評価と教訓	プロジェクトの「パフォーマンス実績」であげた各項目について「うまくいった部分」「改善点」などの評価を記載。 未来のプロジェクトマネジメントを高度化するために「成功を繰り返す」「失敗を繰り返さない」視点で記載することが大切。
終結の概要	プロジェクトの終結に必要な作業を列挙し、「完了」「未完了」を記載。未完了の場合は、残課題を「誰が」「いつまでに」「何を」行うかを明確にする。また、プロジェクトが成功し、成果物がラインマネジメントに移管される場合は、引継ぎ項目を明記する。
承認日／承認者／改訂履歴	プロジェクト終了書の初回制定日、その後の改定時の承認日、承認者、改定履歴を記載。

61 未来のために「教訓」を残す

プロジェクト終了書には、もう1つ重要な役割があります。それは、「プロジェクトマネジメントの知識を組織内に蓄積していく」ことです。

プロジェクトが終了するとチームは解散します。すると、プロジェクトを通じて得られたプロジェクトマネジメントに関する知識や技術も分散してしまい、残らなくなってしまいます。それではもったいないですから、プロジェクト終了書に「教訓（Lesson & Learn）」として知識や技術を残しておくのです。

おもに、「こうしておけば良かった」という改善点や「これは良かった」などのベストプラクティスをメンバーとともに記載します。「コミュニケーションマネジメント計画書に進捗報告のルールを入れる」「スケジュール遅延時には直近のマイルストーンへの影響をまず確認する」など、未来のプロジェクト・マネジャーへの手紙だと思って記載してください。これを読むことで未来のプロジェクト・マネジャーは、より高度な「やりくり」ができます。

■プロジェクトで得た「教訓」の重要性

PMの極意

**「プロジェクト終了書」で教訓を残し
その教訓を活用する「サイクルを回す」ことで
組織のプロジェクトマネジメントの成熟度が高まる。**

成功プロジェクト

成功要因

進捗確認を適切に行ったことでトラブルを未然に防げた…etc.

失敗プロジェクト

失敗要因

スケジュール遅延時に直近のマイルストーンへの影響を確認しなかった…etc.

プロジェクト教訓の蓄積

蓄積された「教訓」を読むことで
未来のプロジェクト・マネジャーは、
より高度な「やりくり」ができる

なるほど、こうするとうまくいくのか……活用してみよう

こうういうトラブルもあるのか……今回のプロジェクトでは気をつけよう

未来のプロジェクト・マネジャー

第4章 プロジェクト計画を実行しよう

62

「プロジェクト終了会」も必ず実施

プロジェクトの開始でキックオフがあるように、終了時には、プロジェクトが成功しても失敗しても、「プロジェクト終了会」を必ず実施しましょう。

プロジェクト終了会は、138ページで説明したプロジェクト終了書の決裁をもらう場ですが、もう1つ重要な意味があります。それは、プロジェクトメンバーを労い、もともと所属していた組織に気持ちよく戻れるように、または次のプロジェクトに気持ちよく参加してもらえるようにすることです。

プロジェクトは未来の目標を達成させる重要な活動であると同時に、大変な活動でもあります。活動が終わり、労わずにただ「さようなら」となったらどうでしょうか。中には「二度とプロジェクトをやりたくない」と思うメンバーも出てくることでしょう。

プロジェクト・マネジャーは、次の活動に向けたメンバーのモチベーションも考える必要があるのです。

次のプロジェクトのための「終了会」

プロジェクトの正式な終結

- プロジェクト・マネジャーとして、チームメンバーや決裁者などと一緒に「プロジェクト終了会」を開き、プロジェクト終了書を読み合わせ、プロジェクトを振り返る。
- 最終的に決裁者からプロジェクト終了書に承認をもらい、正式にプロジェクトを終結させる。

PMの極意

プロジェクト終了会は
①「プロジェクト終了書」の決裁をもらう場
＋
②チームメンバーへの
「労い」と「モチベーションアップ」のための施策
➡チームメンバーが「気持ちよく元の部署に戻る」「新しいプロジェクトにチャレンジできる」ように会食の場などを設けて労うことが大切。

Column 4　　プロジェクトマネジメント論

プロジェクトの実行に大切なこと

◆コトを抱えるとコトが止まる

プロジェクトの実行時に大切なことは、「スピード感をもって対応する」「チームで活動していることを忘れない」「プロジェクトの目標を忘れない」です。つまり、目標を達成するために必要なことを、チームをリードしながらスピーディに「やりくり」することです。

プロジェクトが大きくなればなるほど、プロジェクト・マネジャーのみで解決できることは限られ、専門家であるチームメンバーや決裁者、お客様などとの調整が必要になります。特に、問題が起きたときにプロジェクト・マネジャーがコトを抱え込むと前に進めません。ですから、必要な人たちにスピーディに「報・連・相」し、コトを進めるリーダーになりましょう。

◆目標達成への影響を見る

また、問題や、お客様や決裁者から計画外の要求が発生したときには、あらゆる事象や追加要求が目標達成にどう影響するかを論理的に考えます。そのうえで、プロジェクト・マネジャーとしての判断や提案・発言をし、チームやステークホルダーをリードしていきます。

そのためにも、目標を忘れないことが大切なのです。

第5章

「戦略的思考」を身につけよう

63〜70

「バックキャスティング思考」／
「エンジニアリングアプローチ」／
「ボトルネック」／「クリティカルパス」／
「問題志向」／「解決志向」／
「論理的バランス思考」／3手先を読む／
明確に異なる「目的」と「目標」
etc.

63 目標から逆算する「バックキャスティング思考」

ここまでプロジェクトマネジメントの基本的な知識や技術を学びました。ここからは、未来の目標を扱うプロジェクトの「独特の思考」を学んでいきます。

プロジェクトは「ゴールから考える」活動です。したがって、まず目標を見て、次に現状を見てそのギャップを把握し、目標から逆算して「いつまでに何が必要か」を考えます。これを「バックキャスティング思考」といい、プロジェクトマネジメントにおける重要な思考です。

先に現状を見てから目標を見てしまうと、ついつい現状が制約となり、「達成できない理由」を考えてしまいがちです。「当社にITスキルがある人がいないから」「資金がないから」できないなどです。

これを目標から逆算すると「どうしたらできるか」という思考に変わります。先ほどの例だと「ITの人材がいないから育成するか外注する」「資金がないから借入するかクラウドファンディングする」など、視野が広がるのです。

「どうしたらできるか」を考える

「現状」を見てから「目標」を見てしまうと……

現状が制約となり、「達成できない理由」を考えてしまう。

「当社にITスキルがある人がいない」
「資金がない」
➡だから「できない」。

「目標から逆算」すると……

「どうしたらできるか」という思考に変わる＝「バックキャスティング思考」

「ITの人材がいないから育成するか外注する」
「資金がないからクラウドファンディングする」
➡ 視野が広がり実現の可能性が高まる。

PMの極意

①「目標達成した地点＝ゴール」から現状を見る。
②目標と現状のギャップを把握。
③ギャップを埋めるために「何が必要か」「どうしたらできるか」を考える。

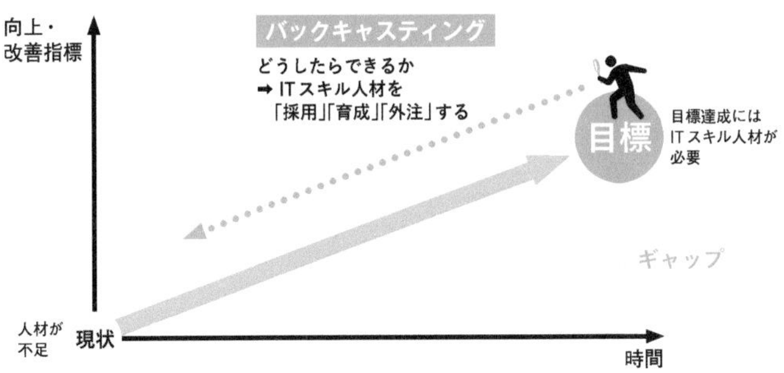

64 マネジメントしやすくするための「エンジニアリングアプローチ」

プロジェクトマネジメントでは、時間やリスク、活動といった目に見えないあらゆるものを言語化・可視化する技術が使われます。

見えないものを可視化することによって、成果物や要素成果物、あるいは作業を、部品のようにグループ化することができ、これにより、順序を設定しやすくなり、計画もしやすくなります。つまり可視化することによって、見えないあらゆるモノやコトを、見える部品のように扱いやすくするのです。

今一度WBSを思い浮かべてください。プラモデルのパーツのようです。これらのパーツはもともと目に見えなかったものですが、それらを説明書の順に組み立てれば成果物が完成し、目標が達成できます。このように、あらゆるモノやコトを可視化させてマネジメントしやすくすることを「エンジニアリングアプローチ」（工学的手法）といいます。プロジェクト・マネジャーは見えないものを言語化・可視化し、それらを構造化する思考を常にもちましょう。

■モノやコトを可視化する「エンジニアリングアプローチ」

PMの極意

「言語化」「可視化」「構造化」する習慣を身につけることが大切。

65

問題の「ボトルネック」を見抜く

プロジェクトを実行していると作業の生産性が一向に改善せず、スケジュール遅延が発生することがあります。こうした場合、当該作業の一連のプロセスを可視化し、問題の「ボトルネック」がどこかを特定するクセをつけましょう。

ボトルネックとは、ワインの瓶などで細くなっている「首」のことです。プロジェクトでいえば、一連の作業プロセスの中で、生産性が最も低く、全プロセスの生産性に影響を与えている部分をいいます。

左図は、話を単純化したモデルです。3人で1つの絵を描くプロセスで、Bの工数が多く、作業時間がほかの5倍となっています。これにより、AとBの間に「仕掛在庫」が発生し、CはBの完成を待つ時間が発生しています。

Bの生産性はプロセス全体の生産性につながっており、いくらAとCを改善しても、プロセス全体の生産性は改善できません。

このように、ボトルネックを特定し、そこを改善するようにしましょう。

■問題が潜んでいる「ボトルネック」とは……

一連の作業プロセスの中で「最も」生産性が低く、
全プロセスの生産性に影響を与えている部分＝「ボトルネック」

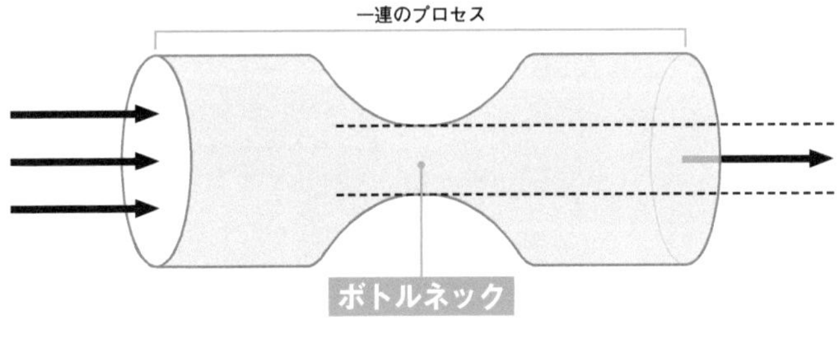

例 3人で1つの絵を描く

1つの線を書くのに1秒かかるとして、A～Cの中で一番作業時間がかかるBが一連のプロセスの「ボトルネック」。Bの作業時間がこのプロセスのアウトプットに影響しているため、Bを解消しない限りは、生産性は高まらない。

PMの極意

**プロセス全体のアウトプットは
「ボトルネック部分の生産性」で決定づけられる。**

66

マネジメントでは「クリティカルパス」を意識

「クリティカルパス」とは、「スケジュールの所要期間が最も長い経路」のことです。左図はプロジェクトのタスクの順序を単純化したもので、ルートAはルートBよりも所要期間が長いため、Aがクリティカルパスとなります。

プロジェクトでは、クリティカルパスを意識してマネジメントすることが求められます。その理由は、クリティカルパスは「プロジェクト全体のスケジュールの所要期間と同じ」だからです。クリティカルパス上のタスクが遅延すれば、プロジェクト全体も遅延します。一方で、ルートBのタスクは時間余裕の範囲内で多少の遅延が発生しても、プロジェクト全体は遅延しません。

プロジェクト・マネジャーの稼働時間には限界があります。一方で、プロジェクトでは多くのタスクが同時並行で動きます。限られた時間の中で、すべてのタスクのマネジメントに同じ工数をかけることは難しいですから、クリティカルパス上のタスクを優先的にマネジメントするようにしましょう。

クリティカルパス上のタスクを優先

クリティカルパス

＝所要期間が最も長い経路
＝プロジェクト全体のスケジュールの所要期間

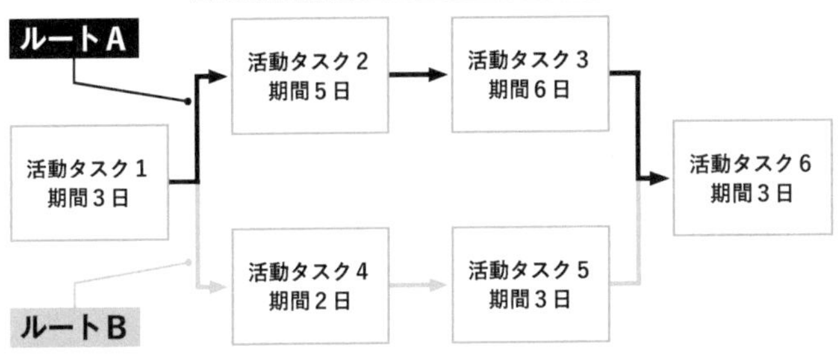

- このプロジェクトが６つの活動タスクで完了する場合、最長経路はルートＡでルートＡ＝クリティカルパスとなる。
- ルートＡが１日でも遅れるとプロジェクト全体が遅延。
- ルートＢの活動タスク４と５の合計期間が最長６日間遅れたとしてもプロジェクト全体は遅延しない。
  活動タスク４＋活動タスク５＝５日
  活動タスク２＋活動タスク３＝11日
  ➡11－５＝６日分の猶予がある。

PMの極意

プロジェクト・マネジャーは
クリティカルパス上の活動タスクを
優先的にマネジメントすることが大切。

67 「問題志向」と「解決志向」

　プロジェクトではさまざまな問題が発生しますが、解決方法としてよくあるのが「問題の原因を特定し、解決する」ことです。これを「問題志向の問題解決方法」といいますが、現場で仕事をしていると、問題の原因が特定できないことがあります。複数の原因が複合的に関連している、「これが原因だろう」と思うものの確証が得られない、問題を特定するのにプロジェクトの進捗を阻害するほどの、かなりの時間や労力、工数が必要、といった場合です。

　こうしたときには「解決志向の問題解決方法」を使いましょう。問題の原因があることを許容しつつ、「どうしたら問題を解決できるか」と考える方法です。たとえば、指定された日時にメンバーの進捗報告が来ないという問題では、周知の質、コミュニケーションツール、メンバーの関係性などの多様な原因が考えられます。この場合に、原因を特定する前に問題を一旦受け入れ、新しい仕組みを構築して問題を先に解決するのです。

問題を解決するための２つのアプローチ

チームに「遅刻」という問題が発生……

あるチームメンバーが１週間（５営業日）に３日は遅刻している。

➡プロジェクト・マネジャーとしてどう解決するか？

①問題志向のアプローチ

- なぜ１週間に３日も遅刻するのか、原因をすべて洗い出す。
- 洗い出したすべての原因を解消し問題を解決する（＝過去視点）。

過去視点

②解決志向のアプローチ

- 遅刻の原因があることを一旦、許容しつつ、１週間に遅刻していない２日間に着目。
- 問題が起きていない２日間の要因を見きわめ、それを残りの３日間でどう実行できるかを考える（＝未来視点）。

未来視点

PMの極意

プロジェクトではさまざまな問題が発生。
状況に応じて２つの志向のアプローチを使い分け
問題解決を目指す。

68

大切な「論理的バランス思考」

優れた計画書というのは、各計画の筋が通っているものです。プロジェクト憲章内の成果物はWBSの成果物と、WBSの活動タスクはガントチャートの活動タスクと、それぞれ一致しています。また、ヒト、モノ、ジョウホウ、ジカンが動けばカネが動きますので、スケジュールとリンクしてコストがかかります。そして計画内容に関連するリスクもあります。ですから計画時には、これらの一連の資料類の筋が通っているかを確認することが大切なのです。

筋が通っているということは、「すべての計画書のバランスが取れている」ということです。このバランス感覚はプロジェクト実行中でも大切で、たとえばお客様から「追加でこのタスクもやってほしい」と頼まれたら、まずは計画全体のバランスを考えましょう。引き受けることで作業範囲が広がるだけでなく、スケジュールやコストへの影響、新たなリスク発生の可能性に気づくはずです。

バランス感覚は計画を進めやすくし、目標達成の確度を高めるのです。

計画全体のバランスを考える

- すべての計画書はつながっている。
  ➡すべての計画書の内容が「筋が通っている」ことが大切。

- 矛盾は「ムリ」や「ムダ」を生みプロジェクトの成功に影響を与える。
  ➡計画の一部を変更する際にも
  全体のバランス感を考えて「筋が通っている」ことを
  必ず再チェックすること。

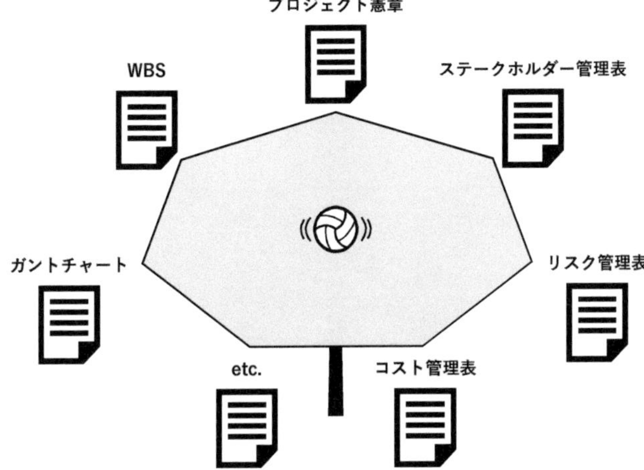

PMの極意

**バランス感覚があることは計画を進めやすくし
目標達成の確度も高める。
論理的かつバランスが取れた計画書を
策定することが大切。**

69

3手先を読んでやりくりする

プロジェクト・マネジャーは、何かを能動的に実行する際、3手先まである程度予想しながら行動する必要があります。

単純な例として、お客様向けのプロジェクトを実行していて、当初予測できなかったトラブルが発生し、スケジュールが遅延したとします。これに対してプロジェクト期間を延長し、納品日を1か月遅らせる交渉をするとしましょう。

1手目は合理的な内容をもとに、合理的な期間延長を提案することです。そのときのお客様の回答は何パターンあるでしょうか。仮に「受け入れる」「金銭的解決で受け入れる」「拒絶」の3つとした場合、「受け入れる」以外のパターンで、皆さんはさらにどう交渉するでしょうか。

これが2手目で、それに対するお客様の回答パターンは、どんなものが考えられるでしょうか。そしてそれに対して3手目でどう交渉するでしょうか。

このように、3手先までイメージし、プロジェクトをやりくりしましょう。

■トラブル発生時の「3手先」を読んだ対処法

お客様のプロジェクト実行中にトラブルが発生し、スケジュールが遅延。
プロジェクト期間を延長し、納品日を1か月遅らせることを交渉する……。

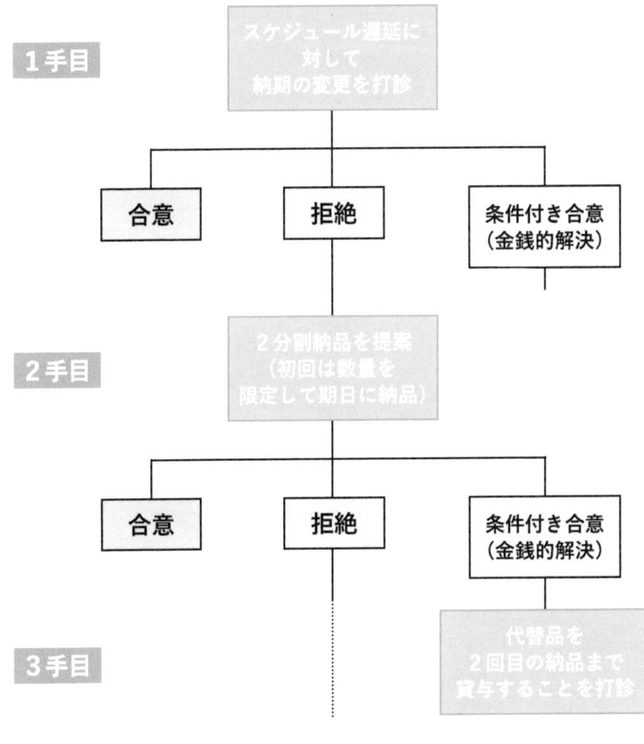

PMの極意

3手先までをイメージし、マネジメント活動の打ち手を複数もっておくことが大切。

70 明確に異なる「目的」と「目標」

皆さんは「目的」と「目標」を使い分けているでしょうか。プロジェクトでは、目的と目標を使い分けます。目的は「ありたい状態」であり、目で見たり、触ったり、数字で表すことが難しいものです。「数値目的」ではなく「数値目標」という言葉を使うのは、これが理由です。

この目的に近づくために、目標を設定します。目標は「標」ですので、目で見たり、触ったり、数字で表したりできるなど、測定可能なものが理想です。プロジェクトでおもに扱うのは「目標」です。しかし、「目的」も常に頭の中に入れておきましょう。プロジェクトの目標を達成すべく頑張っているのは、何の目的のためであるかを忘れてしまうと、目標を修正するときなどに、目的とまったく関係のない目標に修正してしまうことがあるのです。また、目的は目標達成の大義名分でもありますから、チームメンバーのモチベーション管理のためにもいつも意識し、ことあるごとに見直しておきましょう。

大切なのは「目的を忘れないこと」

目的：目指すもので、「ありたい・あるべき状態」
目で見たり、触ったり、数字で表すことが難しい

目標：「目的に近づくために設定」するもの
目で見たり、数字で表したりできる測定可能なものが理想

➡◎数値「目標」／×数値「目的」

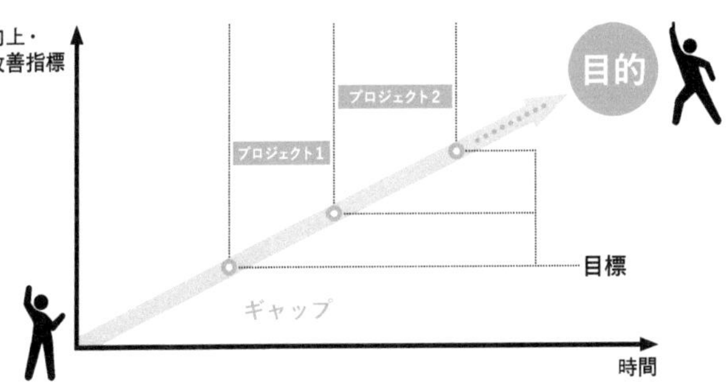

PMの極意

**何の目的のために頑張っているかを忘れてしまうと、目標の修正時に「目的とまったく関係ない目標」に修正してしまうことがある。
プロジェクトを行っている「目的」を常に頭に入れ、目的に近づけるための「目標」に修正する。**

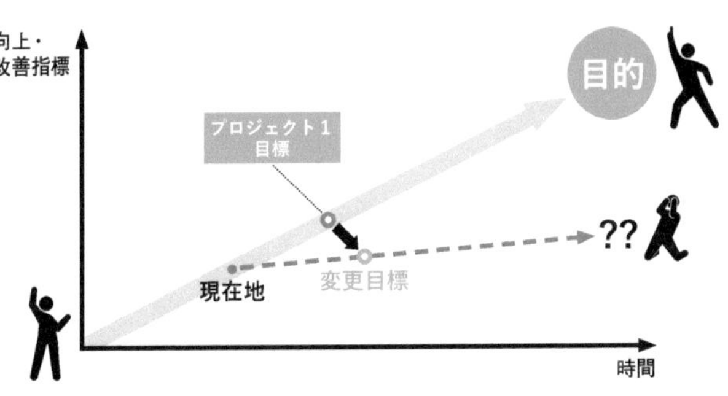

論理的に判断・意思決定する

◆可視化が明確にするもの

プロジェクトマネジメントの手法は、目に見えない未来の目標や計画を可視化することによって、機械の部品のようにさまざまなモノやコトを扱えるようにする「エンジニアリングアプローチ（工学的手法）」です。

この可視化により、チームメンバーは「今何をすべきか」「次に何をすべきか」をより具体的に知ることができます。決裁者やお客様は、プロジェクト成功時の「ビジネスベネフィット（便益）」をより明確に見ることができます。

◆「現在」と「未来」の間を見る

プロジェクト・マネジャーは、このチームメンバーが見ている「現在」と、決裁者やお客様が見ているプロジェクト目標達成時の「未来」の間を見ていく必要があります。また、計画時には、現在と目標達成までのプロセスを考え、実行時に問題などが発生したときにはどう解決し、目標達成を目指すかを考えます。

このときにプロジェクト・マネジャーが意識すべきことは、可視化したあらゆる情報をもとにして、合理的かつ論理的に考えてさまざまな判断や意思決定をすることです。決して感情で判断しないようにしましょう。

第6章

リーダーシップを発揮しよう

㉛～㊹

「人間力」／マネジャーとリーダー／リーダーシップ論／
組織を活性化させる「5大要素」と「サイクル」／
「指示型」／「支援型」／「非公式のパワー」／
リーダーシップを発揮するプロジェクト・マネジャーの特徴／
「モチベーション」／「マズローの欲求5段階説」／
「ハーズバーグの二要因理論」／
マネジメントの基本は「ほかを通してことを成す」
etc.

71 プロジェクトマネジメントを成功させる「人間力」

プロジェクトマネジメントの手法を学んでも、結果が出る人と出ない人がいます。それはなぜでしょうか。

プロジェクトは、チームメンバーやステークホルダーと協働で目標を目指します。そのため、人の心を動かし、人々を1つにしていく必要があるのです。

このときに求められるのは、リーダーシップやコミュニケーション、モチベーションマネジメントなどの「人間力」です。世界経済フォーラム（ダボス会議）の「2020年に必要なビジネススキルトップ10」の6位が「情緒的知性」で、世界のビジネスでも、人を動かす人間力が求められています。

本章では、プロジェクト・マネジャーとしての人間力を高めるポイントをお伝えします。人間力に不安をもっている方もいるかもしれません。でも大丈夫です。いい加減な人にプロジェクトは託されません。プロジェクトを任されたなら、あなたにはその力があると周りから認められ、期待されているのです。

■マネジメントをうまくやりきるために必要なこと

プロジェクトは、チームメンバーやステークホルダーと
協働して目標達成を目指す。
そのため、人の心を動かし、プロジェクトに関わる人々を
１つにしていく必要がある。

PMの極意

求められるのは
「リーダーシップ」や「コミュニケーション」
「モチベーションマネジメント」などの
「人間力」

- 「知っている」と「できている」は異なり、得た「知識」を実際に「活用」してはじめて「結果（成果）」が出る。
（「知識を活用しよう！」というモチベーションを高める）
- プロジェクトでは「人」が価値を創出するため知識を「人」の推進力を高めるために活用してプロジェクトをリードする。
- 「結果」を真摯に受け止め、さらなる応用・改善のために「フィードバック」を得る。
- 「知識（＋技術）の習得」➡「活用」➡「フィードバック」のサイクルがプロジェクトマネジメントの「成熟度」を高めるため、難易度や規模が異なるプロジェクトを行うことで新たな知識や技術を習得していく。

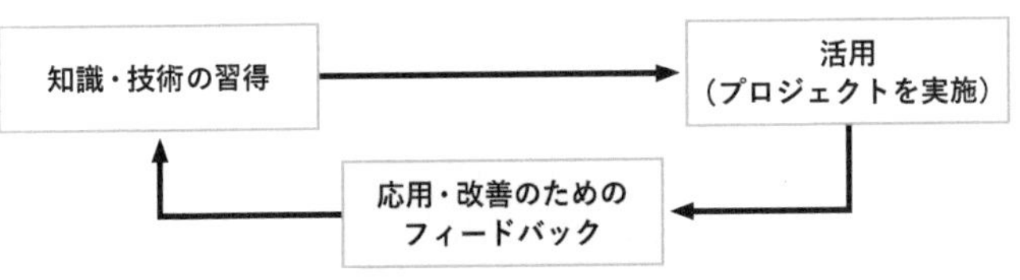

72

マネジャーとリーダーの違い

ここまでに学んできたプロジェクト「マネジメント」は、プロジェクトの「やりくり手法」です。マネジメントは、効率的な組織活動を目指すための仕組みや組織、ルールなどをいい、簡単にいうと「箱」のようなものです。しかしこの箱だけでは、ビジネス目標を達成させづらいのです。

この「箱」が機能し、ビジネス目標に向かって推進できるようにするには、命を吹き込み、血液を巡らせていく必要があります。これが「リーダーシップ」です。「マネジメント」が皆さんの体そのもの、そしてその体を「効率的に維持する」ものであれば、「リーダーシップ」はその体に血液を巡らせ、体の機能を存分に活用し、「目的や目標に向かって能動的に動く」ことです。

プロジェクト・マネジャーはその名のとおり、仕組みや組織、ルールで効率的に活動するためのマネジメントを求められると同時に、リーダーとしてプロジェクトを推進する役割も担っているのです。

マネジメントとは「効率的な組織の運営」

マネジメントとは……

- ビジネスの目的を達成するための「計画立案」。
- 組織構造や人材配置の整備による「組織の最適化」。
- 仕組みやルールの策定と、そこから逸脱した際の対応。

➡「効率的な組織運営」がメイン。

効率的な「箱」をつくって管理・運営する

リーダーシップとは……

- 未来のビジョンを提示。
- メンバーの団結力を高める。
- メンバーに対して動機づけを行う。

➡対象となるモノやコトを変革させる
「推進力を高める」ことがメイン。

箱に「血」を巡らせて箱を生かす

PMの極意

**プロジェクト・マネジャーは
仕組みや組織、ルールで効率的に活動するための
「マネジメント」と、プロジェクトを推進する
「リーダー」としての役割も担う。**

73 リーダーシップ論の共通点

リーダーシップをもてといわれても、なかなかピンとこないかもしれません。実は私もそうでした。これには大きな理由があります。それは「リーダーシップに世界共通の定義がない」ということです。さらに、リーダーシップ論もさまざまな切り口で論じられており「画一的な方法がない」のです。

ただし、その中でも共通点はあります。それは「リーダーシップは2名以上の組織で語られる」「リーダーがいればフォロワーがいる」です。

皆さんの中には、「フォロワーが思ったように動いてくれない」と悩んでいる人もいると思います。「人は感情の生き物」といわれるように、仕組みやルールだけでは動きません。ですからリーダーは、フォロワーの感情や心に働きかけ、組織全体がビジネスの目的や目標に向かって歩んでいくための行動を取る必要があります。この方法は数多くありますが、自分ならどのように組織に血を巡らせ、組織を前進させるか、ここで少し考えてみてください。

リーダーの存在とは……

リーダーシップの共通点

リーダーシップには「世界共通の定義がない」。
ただし、以下の点は一般的に共通している。

- リーダーシップは2名以上の組織で発揮できる。
- リーダーがいれば、フォロワーがいる。
- リーダーは役職者に限らず、小チーム内のリーダーや、組織のプロジェクト・マネジャーたちのリーダーなど、あらゆるところにいる。

一般的なリーダーとフォロワーの特徴

リーダー	フォロワー
• 志やミッションをもとに、目的と目標を明確に示す。 • フォロワーに動機づけをし、目的と目標に対する組織としての活動推進力を高める。 • 目的・目標を達成するための適切な意思決定をする。 • フォロワーの活動を支援。 • 結果の責任を取る。	• 目的と目標達成に向けて適切・的確に業務を遂行する。 • 意思決定に必要とされる情報・提言を適切に提供する。 • 業務に主体性をもって取り組む。 • リーダーの活動を支援。

PMの極意

リーダーは、フォロワーの感情や心に働きかけて組織全体がビジネスの目的や目標に向かって歩んでいくための行動を取る必要がある。

74

組織を活性化させる「5大要素」と「サイクル」

左図は「組織を活性化させる5大要素」です。わかりやすいようにストーリーで説明します。ビジネスの目的や目標を達成するには、土台となる「知識や技術」が必要です。ただ、どんなに知識や技術をもった人を組織に入れても、その人にやる気がなければコトは前に進みません。自分で「モチベーション」を高められればよいのですが、それができる人はそんなに多くはありません。

そこでリーダーの「リーダーシップ」が必要になります。フォロワーの感情を動かし、モチベーションを高め、知識と技術を存分に発揮してもらうのです。リーダーシップを発揮し、感情や心に働きかけるには、良質な「コミュニケーション」が不可欠です。良質なコミュニケーションが組織内に定着すれば、フォロワー同士のコミュニケーションも良好になり、「チームビルディング」が加速し、チーム力が高まります。そして、強くなったチームはより大きな目的や目標のために新たな「知識や技術」を得る、という好循環が生まれます。

■組織を活性化させる「5大要素」

PMの極意

「知識」は、活用してはじめて「知恵」になる。知識という道具を活用できる「応用力」と「人間力」を培うことが大切。

75 複数のリーダーシップスタイルを使い分ける

170ページで紹介した組織を活性化するための5大要素の中で、「リーダーシップ」はとても重要な要素です。リーダーシップを発揮するために大切なポイントをお伝えすると、「対象のフォロワーや環境によって、リーダーシップスタイルを使い分ける」ということです。

たとえば、町の牛丼屋に行くときと、超高級ホテルで開かれるパーティーに出席するときとでは、服装を変えていると思います。また、保育園に通っている子どもと会社の上司とでは、接し方のスタイルを変えていることでしょう。つまり、TPOに応じて皆さんは、自分のスタイルを変化させているのです。

リーダーシップでも同じことがいえます。たった1つのリーダーシップスタイルでは、組織に血は巡りません。フォロワーやそのときの環境によってリーダーシップスタイルをさまざまに使い分けられるように、あらかじめ準備しておきましょう。

さまざまなリーダーシップのスタイル

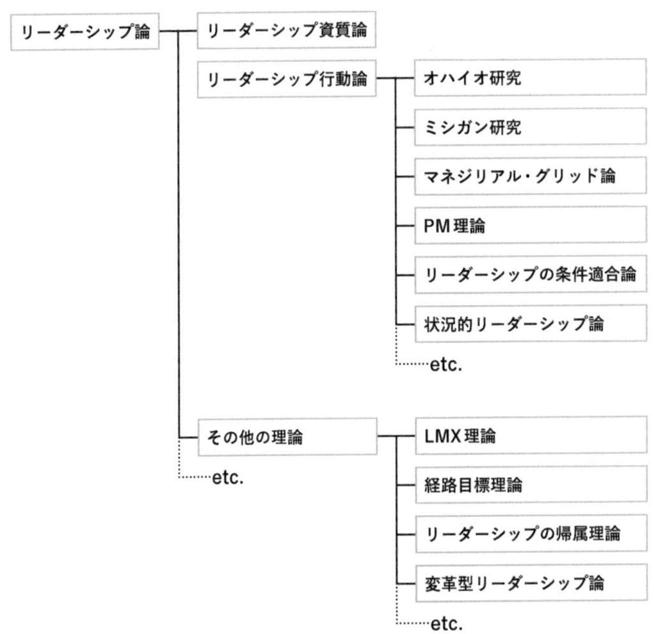

PMの極意

リーダーシップスタイルは洋服と似ている。複数のスタイルを徐々に習得し、TPOに応じて使い分けることが大切。

76 「指示型」と「支援型」の2つのスタイル

リーダーシップのスタイルでまず身につけておくとよいのが、「指示型」と「支援型」の2つです。指示型は「○○をしてください」という指示命令を明確に行うもので、支援型は「□△を決める必要がありますが、あなたはどう考えますか？」などとフォロワーの自主性を支援しながら進めるものになります。

仮に、皆さんのオフィスで火災が発生したとします。このときに支援型スタイルで「火災が発生しました。どう逃げたいですか？」と聞いていたら大惨事になりますから、指示型スタイルで「非常階段に逃げろ！」というのが正しいです。一方、特別な予定のないのんびりとしたバケーションなのに、家族に「13時までに昼食を済ませて！」と指示したら家族はいい印象をもたないのではないでしょうか。「今日は何したい？」と支援型でリードするのが望ましいですね。

プロジェクトでも同じで、緊急時は指示型、それ以外は支援型など、スタイルを切り替えられるようにしておきましょう。

■リーダーシップの「指示型」と「支援型」とは……

①指示型リーダーシップ

リーダーが率先して意思決定をし、
意思決定内容をフォロワーが実行できるように指示するスタイル。
緊急を要する問題発生時や、業務や作業に対する
フォロワーの知識や技術の成熟度が「低い」場合に適しやすい。

②支援型リーダーシップ

フォロワーを主体とし、フォロワーの意見や考えを尊重して、
リーダーが支援しながら結論に導いていくスタイル。
緊急を要さない平時や、業務や作業に対するフォロワーの知識や技術の
成熟度が「高い」場合に適しやすく、フォロワーの自立を促す。

PMの極意

**緊急時は「指示型」、それ以外は「支援型」など
スタイルを切り替えてリードする。**

77 フォロワーの状況に合わせてリーダーシップスタイルを変える

次に、フォロワーの知識・技術とモチベーションの高低などの状況によってリーダーシップの指示型と支援型のスタイルの強弱を変える方法を紹介します。

知識・技術とモチベーションの両方が低い人には、指示型を強くし、確実に活動をしてもらいます。活動で成果が出ればフォロワーのモチベーションは高まりますが、まだ知識・技術が低い人には指示型と支援型双方のスタイルを強くした「コーチ型のアプローチ」を取ります。

また、活動を通じて知識・技術が高まっても、常にモチベーションが高いとは限りません。そのため、モチベーションが低ければ指示型を弱くし、支援型を強めましょう。自分が決めたことを自ら成功させる支援を通じてモチベーションを高めるのです。そして最終的に、知識・技術とモチベーションがともに高くなった人には、指示型と支援型双方を弱めて委任し、独り立ちさせます。

このように、フォロワーの状態によって変化させることが大切です。

■フォロワーの「成長過程」によるスタイルの変化

「支援」「指示」の度合いの変え方

①「知識・技術」と「モチベーション」がともに低い。
➡支援型よりも指示型を強くして確実に活動してもらう。

②活動の成果が出て「モチベーション」は高いが、「知識・技術」はまだ低い。
➡指示型と支援型を強くした「コーチ型」でアプローチ。

③活動を通じて「知識・技術」は上がったが「モチベーション」が低い。
➡指示型を弱くして支援型を強め、自分が決めたことを
自ら成功させてモチベーションを高める。

④「知識・技術」と「モチベーション」がともに高い。
➡指示型と支援型双方を弱めて委任し、独り立ちさせる。

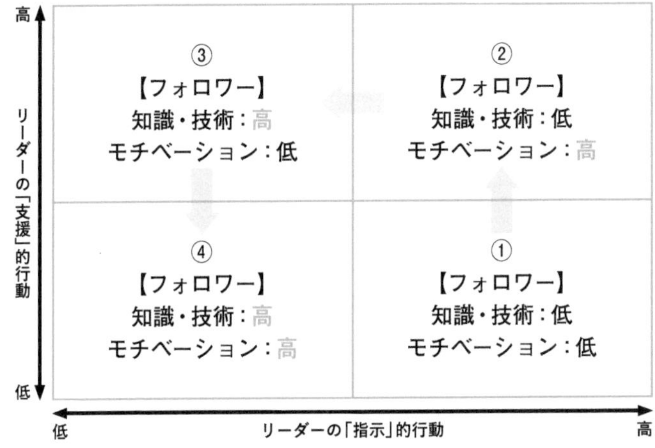

知識・技術：割り当てた業務や活動に対するフォロワーの知識・技術の習熟度合い
モチベーション：割り当てた業務や活動に対するフォロワーの意欲・推進力の度合い

PMの極意

**リーダーシップは相手がいるからこそ発揮できる。
相手をよく見て、相手の状況に応じて
リーダーシップスタイルを変化させよう。**

78 リーダーシップに重要な「非公式のパワー」

リーダーシップを発揮する際、「権限」がないから難しいという言葉を聞きます。ここで権限について考えてみましょう。

権限は「権利」と「権力」で構成されています。

権利は「ある物事をしてよい、またはしないでよいという資格」であり、おもに組織内の役職や役割にひもづいています。

一方、権力は「他人や集団を行動させる力」です。これには、おもに職務役割や第三者認証による専門性、組織の後ろ盾による「公式のパワー」と、人間的魅力や能力、対人関係力などによる「非公式のパワー」があります。

同じ部長という権限をもった人でも、成果を出せる人と出せない人がいます。その分かれ目の1つが非公式のパワーをどれだけもっているかという点です。

つまり、役職にひもづいた権利や公式のパワーではなく、非公式のパワーである人間的魅力や能力がリーダーシップにきわめて重要な要素になるのです。

■マネジメントやリーダーシップにおける「権限」

プロジェクトに大切なのは「非公式のパワー」

- 「権利」や「権力のうちの"公式のパワー"」だけでは、人の心や感情を動かし、推進力を高めるのに限界がある。
- 組織の推進力を高めるには、リーダーの「人間的魅力」や「能力」といった、公式には認められていないが、おもに対人関係において「どれだけ魅力があるか」という「権力の"非公式のパワー"」が重要となる。

権限

その立場の者の「権力」「権利」などの範囲

権力

他人や集団を行動させる力

公式のパワー

非公式のパワー

権利

ある物事をしてよい（しないでよい）という資格

PMの極意

同じ「役職」「役割」「権利」をもっている人でも成功する人と成功しない人の差は、「非公式のパワーの有無」によるところが大きい。

79

リーダーシップを発揮するプロジェクト・マネジャーの特徴

非公式のパワーが強いプロジェクト・マネジャーは、リーダーシップを発揮し、ビジネスの目標達成に向けてプロジェクトの推進力を高めていきます。

特徴として「尊重する姿勢」があります。プロジェクトはそれぞれの活動の専門家が集まり、団結して進めるものです。メンバーを尊重する姿勢をもっていると、それが相手に伝わり、相手も協力してくれるようになるのです。

また、「志が高い」特徴もあげられます。目的・目標を達成したいという熱い想い、高い志がフォロワーの感情を動かし、協力してくれるようになるのです。

最後に、「粘り強く頑張る姿勢」もフォロワーの感情を動かします。困難な状況に対して、常に前向きに対応しているとフォロワーにもそれが伝わり、「こんなに頑張っているのなら協力しよう」と思ってもらえるのです。

常に謙虚に、志高く、粘り強く頑張る姿勢が人の心を動かし、組織に血を巡らせます。

■ベストなリーダーの姿とは……

自分がフォロワーだったらどう思うかを考える

- フォロワーを尊重していないリーダー
- 後ろ向きで愚痴ばかり言うリーダー
- 志が低く、やっつけ仕事ばかりしているリーダー
- すぐに物事をあきらめるリーダー

……だと、あなたはどう思い、感じるか。

PMの極意

自分が今思う「ベストなリーダーの姿勢」が今の自分に一番合ったリーダーシップスタイル。

80 プロジェクトの成功に必要な「モチベーション」

どんなにプロジェクトマネジメントの仕組みを高度化しても、プロジェクトがうまくいかないことがあります。その要因の1つが、「モチベーション」です。

モチベーションは「やる気」と同義にとらえられますが、やる気には一時的かつ身体的な「テンション」と、持続的かつ精神的な「モチベーション」とがあり、プロジェクトの成功に必要なのは「モチベーション」です。

メンバーのモチベーションの高低で、成果は大きく変わってきます。どんなに知識や技術がある優秀なメンバーでも、モチベーションが低ければ良質なアウトプットは出てきません。企業には採用基準があり、それをクリアした人が入社していますから、メンバーには一定の知識と技術があるはずです。それでもモチベーションが低いことで成果が出せず、悩んでいる方もいます。

プロジェクトの目標を達成しようという、持続的かつ精神的なモチベーションを育てることも、プロジェクト・マネジャーの重要な要素なのです。

メンバーのモチベーションの重要性

知識・技術：高

モチベーション：低

いくら知識・技術が高い人でも意欲的に推進してくれないと成果は出ない。

知識・技術：低

モチベーション：高

知識・技術が低くても意欲的に推進すれば、完璧な成果は出ないものの、何かしらの成果は出る。また、今後の知識・技術の習得を通じて成長していく。

PMの極意

**リーダーシップを発揮し
フォロワーのモチベーションを高めることが大切。**

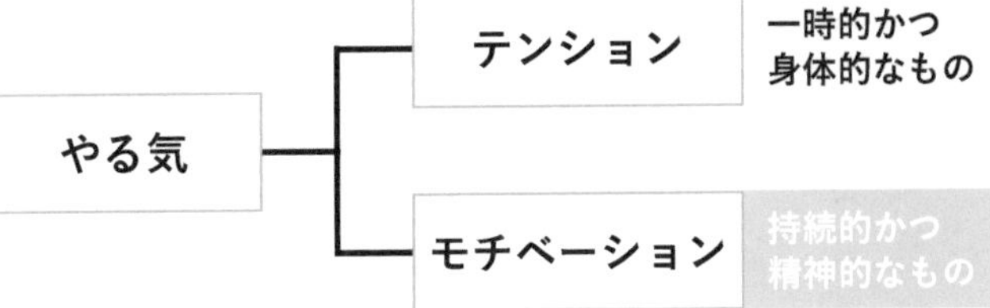

81 メンバーの感情を動かしモチベーションを高める

168ページでお伝えしたように、人は感情の生き物です。メンバーのモチベーションを高めるには、メンバーの感情に訴え、感情を動かす必要があります。そのために「志」「メンバーを尊重する姿勢」「粘り強く頑張る姿」などが必要と伝えましたが、「メンバーに対するアプローチ」も大切です。

皆さんは「キャリア・アンカー」をご存じでしょうか。これは、アメリカの組織心理学者エドガー・シャイン氏によって提唱された、「人がキャリアを選択する際に最も大切にしている価値観や欲求の概念」です。この価値観は8つに分類され、個々人の今までの経験や環境により形成されていますが、人はこの価値観に合った仕事に「やりがい」を感じるのです。

プロジェクト・マネジャーも、メンバー個々の価値観を知り、その価値観に訴えかけるようにコミュニケーションを取ることで、メンバーの感情が動かされ、プロジェクトに対するモチベーションも高まるのです。

■チームメンバーの「価値観」を知る

エドガー・シャインの「キャリア・アンカー」仕事に対する「8つの価値観」

各メンバーの「価値観」を知り、
その価値観に訴えかけるようにコミュニケーションを取る。

価値観タイプ	概要
①専門能力・職能別	専門性や技術力の向上に意義を見いだし、専門家として能力を発揮することに意欲をもつタイプ。スキルをコツコツと積み重ねていく仕事が向いており、昇進よりも特定分野のエキスパートになりたいと考える傾向がある。
②全般管理	問題解決やマネジメントを好む傾向にあり、責任を負うことで成長していくタイプ。スケールの大きな仕事や組織を動かす仕事を好む傾向がある。
③自律・独立	組織のルールや規則にしばられず、自分のやり方で仕事を進めていくことを望むタイプ。自分が納得できるやり方で仕事を進めたいと考えるため、上司との距離が近く、すぐに提案できる環境が望ましい。
④保障・安定	社会的・経済的な安定を求めるタイプ。安定した組織に長期間所属することを望み、リスクを回避することを優先し、将来が見通せる環境で堅実にキャリアを歩みたいと考える傾向がある。
⑤起業家的創造性	新製品の開発や新規事業の立ち上げ、既存事業の再建など、クリエイティブに新しいものを創り出すことを望むタイプ。変化の激しい状況に立ち向かうことにモチベーションを見いだす傾向がある。
⑥奉仕・社会貢献	社会的に意義のあることを成し遂げたいという思いが強いタイプ。社会に影響を与えるような仕事を好み、仕事を通じて世の中を良くしていくことを目指す傾向がある。
⑦純粋な挑戦	きわめて困難な問題の解決や、手ごわいライバルとの競争にやりがいを感じるタイプ。「今までに誰も成しえなかったことへの挑戦」を好む傾向がある。
⑧ワークライフバランス	ライフスタイル全体のバランスと調和を重視したいと考えるタイプ。仕事とプライベートを両立させられることを重視する傾向がある。

82 「モチベーション」と「マズローの欲求5段階説」

モチベーションを高める要因には、「生理的衝動要因」「外的要因」「内的要因」の3つがあるといわれています。このうち、メンバーにとっての外的要因には184ページであげた「価値観に訴えかける方法」があります。

有名な「マズローの欲求5段階説」で見ると、承認欲求や社会的欲求が外的要因にあたります。先ほどの価値観と外的要因でいえば、「純粋な挑戦タイプ」の人に「チャレンジングな姿勢が素晴らしいですね」と伝えると、承認欲求が満たされ、動機づけられる可能性が高まります。逆に、この人に「活動の積み重ねが世の中のためになっています」といった「奉仕・社会貢献タイプ」の価値観に寄りそう伝え方をしても、感情を動かすことは難しいでしょう。

また、内的要因はメンバー自身の動機づけ要因ですので、174ページで説明したリーダーシップの「支援型」でリードし、メンバー自身でモチベーションが高められる環境をつくりましょう。

■「モチベーション」と「欲求」の関係とは……

モチベーションが高まる３つの要因

①生理的衝動要因

生命や安全の危機時に、生命や安全を維持するために
生理的かつ衝動的に動機づけられるもの。
　例）空腹時に食べものを探す。

②外的要因

外部からのさまざまな働きかけで動機づけられるもの。
　例）これを達成すれば表彰される。

③内的要因

内部から湧き出す動機づけ要因。
「自分らしくあるために選択したい」「能力を向上させたい」というもの。
　例）自分の技術でもっと便利な世の中にしたい。

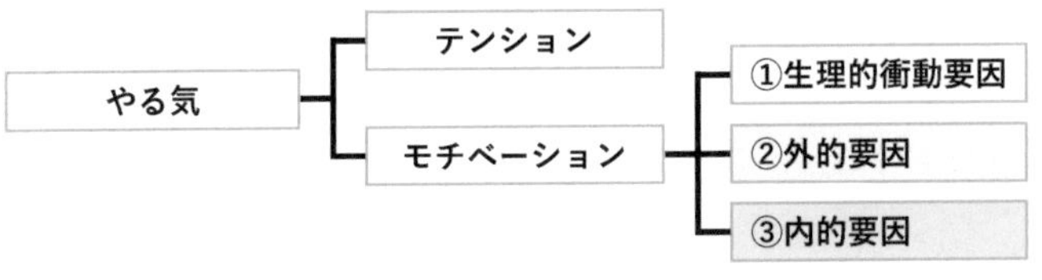

マズローの欲求５段階説

アメリカの心理学者アブラハム・マズローが考案した
「人間の欲求は５段階のピラミッドのように構成されている」とする理論。
ピラミッドの低次の欲求が満たされると次の欲求に向かうとされ、
上記の「モチベーションの３つの要因」とも関係性がある。

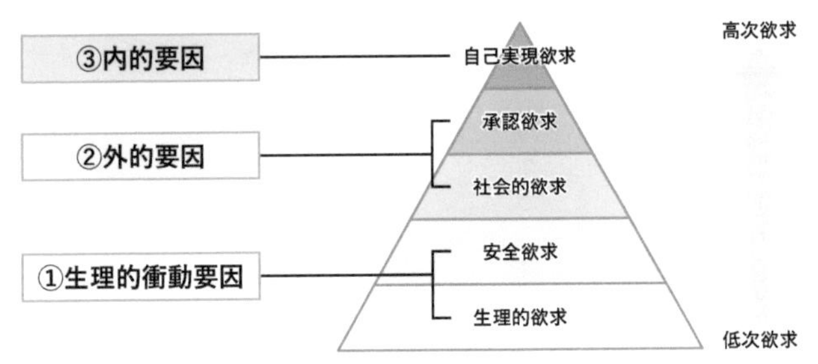

第6章
リーダーシップを発揮しよう

83 「ハーズバーグの二要因理論」

ここで「二要因理論（動機づけ・衛生理論）」を紹介します。臨床心理学者のハーズバーグが発表した理論で、ビジネス領域でしばしば使われます。

ハーズバーグは、人の満足度において、「満足」に関わる要因（動機づけ要因）と「不満足」に関わる要因（衛生要因）は別ものであるという考え方を提唱しています。不満足要因の例として、給与などは一見、与えればモチベーションが高まりそうですが、しかしそれは一時的であり、給与を増やしてもそれが当たり前になると、それが減るときの不満足要因のほうが大きいのです。

プロジェクト・マネジャーは、満足要因を与えてメンバーのモチベーションを向上させつつ、不満足要因の水準の維持を徹底し、不満足を発生させないようにすることが望まれます。左図はマズローの欲求5段階説とハーズバーグの二要因理論の対比です。不満足要因への対応は5段階説の土台を維持し、満足要因への対応は5段階説のより高次の動機づけにつながります。

「満足度」と「不満足度」の考え方

ハーズバーグの二要因理論

人の満足度は、ある特定の要因が満たされると上がり、
不足すると下がるのではなく、「満足」に関わる要因（動機づけ要因）と
「不満足」に関わる要因（衛生要因）は「別ものである」という考え方。

動機づけ要因：与えられれば与えられるほど「満足度が上がる」
衛生要因：その水準が下がったときに「不満足度が上がる」
※衛生要因の水準を高めても満足度は一時的にしか向上しない

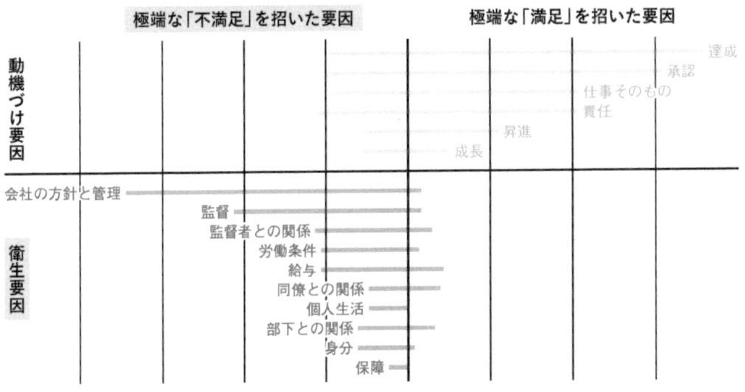

ハーズバーグの二要因理論とマズローの欲求５段階説の関係性

「社会的欲求」「承認欲求」を満たすには、リーダーの外的要因が重要。
外的要因を高めるには「満足要因（動機づけ要因）」を与え続け、
「不満足要因（衛生要因）」の水準が下がらないように維持することが大切。

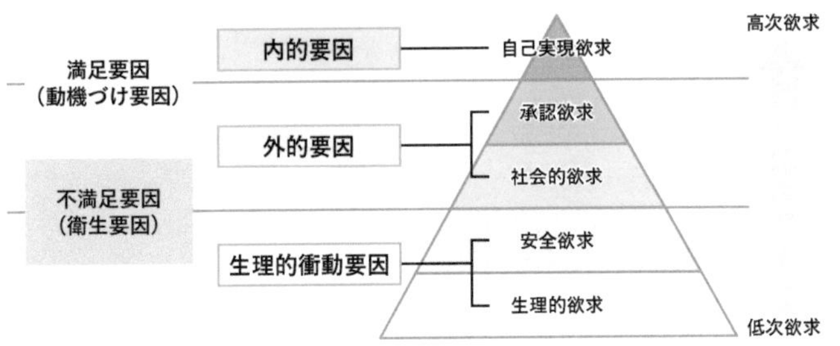

84

マネジメントの基本は「ほかを通してことを成す」

プロジェクトマネジメントの手法を実行しただけでは、プロジェクトはうまく回りません。プロジェクトに関与する人の「モチベーション」が、プロジェクトの成功や生産性に大きく影響します。

プロジェクト・マネジャーはこのことを認識し、単なる指示・命令だけのコミュニケーションではなく、相手の価値観や傾向、思考などを把握するためのコミュニケーションをすることも大切です。そして、相手の個別の価値観や傾向、思考などを把握したら、それに寄りそうアプローチをすることで、相手の感情を動かすことができ、動機づけにもつながります。

マネジメントの基本は「Doing things through others（ほかを通してことを成す）」です。自分を変化させて相手に応じたリーダーシップやコミュニケーションをし、メンバーのモチベーションを維持・向上させていきましょう。

皆さんの今後のプロジェクトマネジメントがうまくいくことを祈念します。

■メンバーのモチベーションを維持・向上させる秘訣

マネジメントの基本は
「Doing things through others」
（ほかを通してことを成す）

- より大きな課題を解決するには、数多くの人の知識と技術が必要。
- 人を動かすには、その人の心を動かすことが必要。
- 心を動かすには、その人の価値観に寄り添ったコミュニケーションが必要。
- そのため、コミュニケーションで相手を知ることがとても大切。

相手の価値観を尊重	適切なコミュニケーション	適切なリーダーシップ

モチベーション

PMの極意

自分を相手によって変化させ、相手に応じたリーダーシップやコミュニケーションをする。
➡メンバーのモチベーションを維持・向上させる。

伊藤 大輔（いとう だいすけ）
日本プロジェクトソリューションズ株式会社 代表取締役社長／プロシアホールディングス株式会社 代表取締役。慶應義塾大学 経済学部卒業。大手マーケティングCRM会社にて多数のグローバルプロジェクトを担当。在職中、青山学院大学大学院（MBAコース）に通学し、首席で卒業（総代）。大学院を卒業後、日本プロジェクトソリューションズ株式会社を起業し代表取締役に就任。教育研修事業、プロジェクト実行支援（PMO）事業を通じて、企業、教育機関、行政、NPO法人等を含め500社以上と取引し、現在14,000名以上にプロジェクトマネジメント教育をしている。PM系YouTubeチャンネル「I LOVE PM」で情報を発信中。
青山学院大学大学院（MBAコース）および国立群馬大学 講師。一般社団法人日本PMO協会 会長。PMP（米国PMI認定Project Management Professional)、CSM（認定スクラムマスター）有資格者、MBA（経営管理修士)。
著書：『「プロジェクトマネジメント」実践講座』『プロジェクトリーダー実践教本』（以上、日本実業出版社)、『最速の90日！ 新規事業成功バイブル』（現代書林）

ポイント図解（ずかい）
プロジェクトマネジメントの基本（きほん）が面白（おもしろ）いほど身（み）につく本（ほん）

2021年8月16日　初版発行
2024年6月10日　8版発行

著者／伊藤（いとう） 大輔（だいすけ）

発行者／山下直久

発行／株式会社KADOKAWA
〒102-8177　東京都千代田区富士見2-13-3
電話 0570-002-301（ナビダイヤル）

印刷所／株式会社KADOKAWA

製本所／株式会社KADOKAWA

●お問い合わせ
https://www.kadokawa.co.jp/（「お問い合わせ」へお進みください）
※内容によっては、お答えできない場合があります。
※サポートは日本国内のみとさせていただきます。
※Japanese text only

定価はカバーに表示してあります。

ISBN 978-4-04-605082-3　C0034

◆◇◇